하나님의 숨결

성경으로 오다

하나님의 숨결 성경으로 오다

2017년 12월 29일 · 제1판 1쇄 발행

지은이 | 조쉬 맥도웰
옮긴이 | 오찬규
펴낸데 | 요단출판사
　　　　 07238 서울특별시 영등포구 국회대로 76길 10
기　획 | (02)2643-9155
영　업 | (02)2643-7290~1　Fax (02)2643-1877
등　록 | 1973. 8. 23. 제13-10호

ⓒ 요단출판사 2017

기　획 | 권혁관
편　집 | 이성준
디자인 | 내지 김남희 · 표지 박지혜
제　작 | 박태훈
영　업 | 김승훈 김창윤 이대성 정준용
　　　　 이영은 김경혜 최우창 백지숙
인터넷서점 | 유세근

값 17,000원
ISBN 978-89-350-1682-2 03230

이 책의 한국어판 저작권은 요단출판사가 소유하고 있습니다.
출판사의 사전 승인 없이 책의 내용이나 표지 등을 복제, 인용할 수 없습니다.

Originally Published by Shiloh Run Press as God Breathed
Copyright © 2015 by Josh McDowell
Translated and printed by Josh McDowell Ministry
2001 West Plano Parkway, Suite 2400, Plano TX 75075, USA.

This Korean edition copyright © 2017 by Jordan Press
10, Gukhoe-daero 76-gil, Yeoungdeungpo-gu, Seoul, Korea

요단인터넷서점 www.jordanbook.com

하나님의 숨결

성경으로 오다

GOD BREATHED

THE UNDENIABLE POWER and RELIABILITY of SCRIPTURE

조쉬 맥도웰 지음
오찬규 옮김

요단

CONTENTS

감사의 글 6

1장_말씀 안에는 무엇이 있는가? 9

1부 | 성경의 능력

2장_어째서 성경이 살아있는가? 27

3장_성경의 본래 목적 45

4장_성경 해석의 101가지 방법? 65

5장_성경이 개인에게 의미 있는 이유 89

6장_저자가 하나님인가 인간인가 119

7장_누가 그 책을 성경으로 결정했는가 133

8장_유일성 : 하나뿐인 특별한 책 147

2부 | 성경의 신뢰도

9장_인쇄술 이전 167

10장_고문서의 신뢰성 검사 195

11장_구약의 역사적 신뢰성 검사 209

12장_신약의 역사적 신뢰성 검사 225

13장_성경 속에 오류와 모순이 있는가?(내적 증거 검사) 239

14장_다른 종교 경전도 성서일까? 263

15장_성경이 내 삶에서 살아있게 하는 방법 281

노트 293

감사의 글

이 책이 나오기까지 공헌한 귀하신 분들을 알리고 싶다.

나의 친구이며 38년간 동료로 지내는 데이브 벨리스의 공동 작업 덕분에 이 책의 개요를 작성했고, 나의 말과 여타 작업에서 군더더기를 떼어내어 초고를 완성했고, 모든 원고를 묶어 편집했고, 깔끔하게 이 작업을 마무리했다. 데이브의 통찰과 글 솜씨에 경탄을 금치 못하며, 그의 노고에 깊이 감사한다.

책의 편집을 도맡은 톰 윌리엄즈는 그의 값진 통찰로 명문장으로 다듬었고, 열과 성을 다하여 인쇄된 쪽마다 생생하게 표현된 단어로 꽉 차게 했다.

벡키 벨리즈는 컴퓨터에 원고를 입력해 주는 수고를 했다. 돈과 쥬디 켄케는 원고를 읽으며 통찰력 있는 조언을 했다. 데이브 린

드스테트는 편집 지침에 맞춰 원고를 최종 완성했다.

바버 출판사의 부편집장인 켈리 맥킨토시와 편집주간인 안니 티프톤은 그들의 전문적 식견으로 책의 개요를 깔끔하게 정리했다.

바버 출판사 대표인 팀 마틴즈와 바버 출판사의 전 직원이 「하나님의 숨결, 성경으로 오다」(God Breathed)을 위해 비전을 갖고 이 책이 세상에 나올 때까지 참을성 있게 일했다. 이 책이 나오기까지 수고하신 모든 분들께 감사의 말씀을 전한다.

― 조쉬 맥도웰(Josh McDowell)

1장

말씀 안에는 무엇이 있는가?

말씀 안에는 무엇이 있는가?

열아홉 살에 나는 지독한 무신론자였다. 나는 대학을 중퇴하고 기독교의 오류를 입증하기 위해 알아볼 것이 있어 유럽으로 날아갔다. 특별히 성경은 역사적으로 신뢰할 수 없으며, 예수는 절대로 하나님의 아들이 아니란 것을 드러내고자 했다.

스코틀랜드 글래스고 대학교 도서관에 머물면서 나는 고대 신약사본 하나를 보고 눈이 휘둥그레졌다. 그것은 요한복음 16장의 조각으로 1,600년도 훨씬 더 된 종이에 잉크로 쓰인 것이었다. 3세기에 손으로 직접 쓴 이 희귀한 요한복음 조각(fragment)이 대학교 도서관

유리 장식장 아래 소중하게 보관되어 있었다. 예수님의 말씀이 담겨 있다는 이유로 가격 산정이 불가능한 유물이다.

그곳에 서서 나는 이상야릇한 기분에 휩싸였다. 그 헬라어 필사본의 단 한 줄도 읽거나 이해할 수 없었지만, 뭔가 신비한 기운으로 각 글자가 나에게 다가오는 느낌이었다. 당시에는 믿음 한 톨 없는 나였지만, 그 글자들에 불가사의한 힘이 있는 것 같았다.

오늘날의 소란스러운 언어

언어. 바른 방법으로 쓰이는 옳은 말들은 강한 힘을 가진다. 그런데 오늘날 세상에서, 상당수의 사람이 숱한 말을 이용하여 엄청난 소음만 발생시키는 것 같아 내 맘이 편치 않다.

사방을 둘러보면 사람들이 저마다 상호 소통을 하고 싶은 열망으로 말들을 봇물 터지듯 쏟아내는 것을 볼 수 있다. 예를 들어, 문자를 보낸다. 우리 세대는 현재 스마트 폰으로 "관계망"을 점점 더 형성하고 있다. 소비자 신용평가기관 중 하나인 익스피리언(Experian Marketing Services)이 내놓은 디지털 마케팅 보고에 따르면, 18세에서 24세의 연령층에서 한 달 평균 사용하는 문자수는 3,853건에 달한다고 한다. 하루에 사용하는 문자가 128건이 넘는 셈이다.[1]

사람들은 페이스북을 통해서도 전례 없는 분량의 말을 사용한다.

2014년의 첫 일사분기에 매달 11억 5천만 명을 웃도는 이용자가 페이스북을 이용했다.[2] 마케팅 전문 조사 회사인 이마케터(eMarketer)는 미국의 경우 12세 이하의 전체 아동들 가운데 월간 40%가 온라인을 이용한다고 추정한다. 2015년도의 경우 거의 절반이 온라인을 사용하게 될 전망이다.[3]

현재 우리 세상은 말을 전하는데 있어서 문자, 트위터, 페이스북, 전자우편을 가히 기록적인 수준으로 사용한다. 그러나 우리가 **주고받는 모든 말이 진실일까? 혹 상당수의 말이 그저 소음은 아닐까?** 언어를 창조하신 분께서 우리에게 말을 글자로 기록하고 구술로 그것을 타인에게 전달하는 능력을 주신 데는 다 그 목적이 있다. 말이란 제대로 사용할 때, 남과 효과적인 관계를 맺을 수 있다. 말은 큰 영향력을 가지는데, 특히 하나님의 호흡(혹은 감동)으로 된 성경 말씀이야말로 가장 중요하다. 그런데 어떤 말의 참 의미를 이해하기 위해서는 그 하는 말을 반드시 **경청해야** 한다.

말의 의미 파악을 위해 경청하기

인간만이 단어라고 부르는 것을 여러 가지 소리로 만들고 그것들을 특별한 조합으로 배열하는 능력을 가진다. 그리고 이들 단어 하나하나에 아주 각별한 의미를 담는다. 그 단어들을 조합하여 말을 하게 되는데, 그 말 속에 사상과 관념이 응축되고, 감정이 드러난다. 문장으로 사상과 관념과 감정을 표현하는데 사용되는 단어가 바로 인간 소통의 기본 요소이다.

우리가 사용하는 말대로 일상의 수많은 행동이 이루어진다. 언어 소통에 따라서 이곳에서 저곳으로 옮겨가고, 일이 성사되며, 우정이 성립되고, 배우자에게 사랑을 표현하고, 가정을 꾸리고, 헤아릴 수 없는 주제에 대한 우리의 의견을 제시할 수 있다. 말로 창의적인 생각이나 기발한 아이디어를 전달할 수 있지만, 그것의 가장 중요한 목적은 우리의 언어 사용으로 인하여 서로 관계를 맺고자 함에 있다. 그런데 만약에 우리가 언어 사용에 유의하지 않거나, 다른 사람이 하는 말을 주의해서 듣지 않는다면, 말은 단지 소음이거나 빛 좋은 개살구일 뿐 관계를 형성하는데 아무런 작용도 못한다.

나의 신혼 초기는 매우 참담했다. 도티와 나는 서로 안지 불과 6개월 만에 결혼했다. 내가 아내를 사랑하는 것은 확실했지만, 그저 한 평생 그럭저럭 살다보면 서로 잘 알게 된다고 여긴 나머지 나는 아내의 모든 것에 대하여 알려고 딱히 서둘지 않았다. 물론 새색시에게 관심이 없던 것은 아니었다. 신혼살림이 시작되고 얼마 안 지나서 나는 아내가 자기의 삶 전체를 나와 함께 간절히 나누고 싶어 한다는 것을 눈치 챘다.

함께 멕시코를 거쳐 아카풀코까지 장거리를 가는 동안, 도티는 자신 자신과 친정 식구들과 어린 시절, 그녀가 좋아하는 것과 싫어하는 것, 자신의 정치, 결혼, 자녀 계획에 대한 생각을 이야기하기 시작했다. 좌우간 도티는 마음에 꼭꼭 새겨두었던 이야기보따리를 풀어 놓았다.

그때를 추억해보면, 당시 나는 도량이 크지 못해서 아내가 연신 쏟아 내는 모든 말을 소음 정도로 여겼다. 그러는 동안에 나는 헷갈리는 도로 표지판을 빨리빨리 판독해야 했고, 가끔 차량을 멈추고 두툼한 지도책을 펼쳐서 뒤적거려야 했다. 잠시 후, 도티의 말수가 줄어들기 시작하더니 아예 입을 닫았다. 그 전체 시간 동안, 내가 간헐적으로 했던 말이라고는 고작 "응", "아하", "알았어" 정도였다. 솔직히 말해서 내 각시가 길게 늘어놓는 말에 나는 전혀 관심이 없었다. 심지어 그녀가 말을 멈추었다는 것조차 깨닫지 못했다.

도티가 했던 말은 부지기수였으나 나에게는 별 의미가 없었고 조금도 서로를 가까워지게 하지 못했다. 물론, 그녀가 나에게 무엇인가를 자세히 설명하려 했던 것은 아니다. 그녀 자신이 자기를 개방했던 것은 단순히 새내기 남편이 자기 각시를 다소나마 잘 알아주었으면 하는 바람 때문이었다. 제아무리 애써도 내가 말귀를 못 알아듣는다는 것이 확실해지자 잠시 입을 닫고 있던 도티의 침묵은 그리 오래가지 않았다. 그녀가 폭발했다!

깨소금 냄새나는 달콤한 신혼이 아니었다. 도티가 얼마나 자기가 애를 태웠는지 이야기해주자 비로소 나는 연일 잘못을 빌었고, 그 덕분에 서로 이해가 싹트기 시작했다. 그 시점으로부터 우리의 언어는 피차 의미가 통했다. 아내에게서 그녀가 원했던 것은 자기가 누군지 내가 알아줬으면 하는 애정 어린 마음이란 것을 알았고, 그녀 역시 남편이 비록 처음에는 무신경한 나머지 잘못은 했어도 자기 새색시를 행복하게 해주고 싶어 하는 사내라는 것을 이해했다.

요즘 도티와 나는 신혼 시절을 떠올리며 깔깔거리고 웃는다. 여하튼 그 일로 우리는 언어와 경청, 그리고 마음에서 우러나는 생각과 감정의 진정한 의미를 해석하고 발견하는 것이 중요하다는 것을 배웠다.

유의미한 언어로 효과적인 소통을 하려면 시간과 노력이 들게 마련이다. 말을 경청하고, 옮기고, 정확하게 그 의미를 해석하는데도 시간과 노력이 든다. 사실상, 언어의 사용은 하나의 예술이다. 그리고 특히 하나님의 호흡으로 된 성경 말씀은 우리 인생에 의미를 주기 위해 공교하게 기획된 강력한 소통의 메시지이다.

하나님은 능력 있는 말씀의 주인이시다.

"하나님이 이르시되… 있으라 하시니"(창 1:3). 아마득한 옛날 어느 시점에 하나님이 말씀하셨다. 그리고 그분이 이르시자 일들이 벌어졌다. 해와 별들과 달을 생성한 그런 창조의 능력 이면에는 그분이 하신 말씀이 있었다. 하나님의 입에서 나온 말씀으로 당신과 나를 포함하여 현존하는 만물이 조성되었다.

하나님은 능력 있는 말씀으로 모든 것을 존재하게 하셨을 뿐 아니라, 또한 그 말씀으로 인간의 삶과 관계에 의미가 있게 하셨다. 그런 다음 이윽고 그 중대한 말씀을 기록으로 남기셨다.

하나님의 감동으로 된 생명의 말씀인 성경은 우리는 누구이며, 왜 이곳에 있으며, 어디로 가는지 그것을 이해하는데 필요한 모든 것을 제공한다. 하나님 자신에게서 나온 생명의 말씀으로 구성된 성경은 하나님이 자기 자녀를 위해 본래 의도하셨던 생명과 사랑과 교제와 기쁨의 진정한 의미를 일러준다. 성경 말씀은 매우 강력한 힘이 있다. 그렇지만 이유가 어찌 됐든 간에 현존하는 너무도 많은 사람이 그러한 말씀의 능력을 힘써 잡으려 하지 않는다.

본서 「하나님의 숨결, 성경으로 오다」(God-breathed)의 내용을 우리가 함께 섭렵함으로 하나님의 말씀인 성경의 위엄과 신비와 열정과 능력을 되찾았으면 좋겠다. 성경은 평범한 책이 아니다. 그 장과 절에는 우리의 모든 필요에 대한 해답과 우리 삶의 방향과 생명과 기쁨으로 충만한 인생을 살기 위한 실제적인 통찰이 숨어있다. 성경에는 추호도 과대 선전이 담겨있지 않다. 성경의 저자께서는 애초부터 그런 것은 아예 기획도 하지 않으셨다.

말씀의 최고 권위자께서 자기가 사랑하는 자들에게 성경의 의미를 어떻게 밝히 드러내 보여주시는지 알려주는 실화가 있다.

그들은 생애 최악의 주말을 맞이했다. 두 명의 여행자는 마음을 추스르면서 예루살렘 도성에서 나와 11km나 떨어진 엠마오로 가는 도중이었다. 그들이 메시야로 여겼던 분으로 말미암아 로마제국의 압제에서 해방될 것이라는 한껏 부푼 희망을 품었었다. 그러나 사흘 전에 그가 로마당국에 체포되어 십자가형에 처해 죽임을 당했다. 그들의 소망은 예수라고 불리던 사람의 죽음으로 물거품이 되었다.

이는 인생을 살다 보면 흔히 겪는 일이다. 잘 될 줄로 알고 잔뜩 기대했다가 그것이 무산되면 이내 실망하여 골치도 아프고 상실감에 빠진다. 막상 고통이 몰아닥치면 우리는 억지로라도 의미와 기쁨을 찾으려고 애써보지만, 그저 몸부림에 불과할 때가 많다. 바로 이것이 먼지가 풀풀 날리는 길을 함께 걸어가면서 그 두 사람이 느꼈던 감정이다.

"이 일을 어떻게 생각해야 할지 모르겠어"라며 첫 번째 사람이 말한다.

"나도 마찬가지야", 다른 사람이 대꾸한다. "베드로는 자기가 직접 빈 무덤을 봤다던데."

"맞아"라며 그 동료가 말을 이어간다. "하지만 그렇다고 해서 그 여자들의 주장처럼 예수님이 정말로 죽음에서 다시 살아났다고 여길 수는 없어."

그때 한 낯선 사람이 그들의 행로에 동행한다. "너희가 길 가면서 서로 주고받고 하는 이야기가 무엇이냐?" 그가 묻는다.

두 사람 중에서 글로바라 하는 자가 대답한다. "당신이 예루살렘에 체

류하면서도 요즘 거기서 된 일을 혼자만 알지 못하느냐"(눅 24:17).

"무슨 일이뇨?" 그 낯선 이가 질문한다.

그 두 동료는 아무것도 모르는 행인에게 예수님에 관한 모든 이야기를 해준다. 그들이 믿었던 그분이 어떻게 십자가에 못 박히셨는지, 그리고 현재 그분이 죽음에서 살아나셨다는 소문이 있다고 말한다. 그들은 감정의 기복을 오르내리며 얘기했다. 그들은 거침없이 예수님과 함께 겪었던 기쁨과 그분에게 기대했던 소망뿐 아니라 로마 당국이 그분을 처형한 일로 인해 자신들이 좌절하고 있다고 털어놓았다.

두 여행자의 이야기를 들은 후, 혼란해 하는 그들에게 그 낯선 이가 하나님의 말씀을 인용하여 말하기 시작한다. 모세와 및 모든 선지자의 글로 시작하여 모든 성경에 쓴바 예수라는 분이 바로 그 메시야라는 의미를 설명한다.

목적지에 도착하자 그 두 사람은 그들과 동행한 새로운 벗에게 날이 이미 기울었으니 자기들과 함께 유하면서 식사하자고 청한다. 저희가 함께 음식 먹을 때에 그 낯선 이가 떡을 가져 축사하고 떼어 그들에게 준다. 그때 깜짝 놀랄 일이 벌어진다. 그 사람들은 이 낯선 객이 다름 아니라 예수님이셨다는 것을 깨닫는다. 그러자마자 그분이 그들의 눈앞에서 보이지 아니한다. 그들은 놀라서 서로 바라보며 말한다. "길에서 우리에게 말씀하시고 우리에게 성경을 풀어 주실 때에 우리 속에서 마음이 뜨겁지 아니하더냐?"(눅 24:32).

이 두 동료는 예수님이 성경에서 인용하신 말씀을 어렸을 때부터 들어서 이미 알고 있었다. 그들은 그 성경 구절들을 독경하면서 성장했으나, 새 생명이 생긴 것은 그 능력의 말씀의 주님이 그들 속에 생기를 불어 넣으셨을 때이다. 그분이 그렇게 해 주심으로써 그들의 심령은 감동을 하여 뜨거웠고, 절망에서 소망으로 바뀌었고, 기쁨의 삶을 살 수 있는 통찰을 얻었다. 그것이 바로 하나님의 말씀이 우리를 위해서하는 역할이다. "하나님의 말씀은 살았고 활력이 있어"(히 4:12). 우리를 사랑하시는 하나님은 우리가 그분을 알 수 있기를 진심으로 원한다. 하나님의 말씀은 우리를 인도하여 그분과 친밀한 사귐을 갖게 하며 우리의 삶을 진실로 변화시키는 운동력이 있다.

하나님은 신뢰할 수 있는 말씀의 주인이시다.

19살이었던 대학생 시절 나는 성경이라는 고대 문서에 흥미가 있었다. 언급했던 대로 비록 나는 무신론자였지만, 1,600년이나 된 필사본의 글자들을 보면서 뭔가 이상야릇한 힘을 느꼈다. 그러나 나는 그것들을 신뢰하지는 않았다. 사실상, 애초에 나는 현대의 성경은 역사적이고 신화적인 사건들에 대한 왜곡되거나 믿을 수 없는 기록을 모아 놓은 책에 불과하다는 것을 증명하려 했다. 성경의 문서들이 수세기에 걸쳐 정확하게 전수되었다는 것을 신뢰할 수 없다면 성경의 진정성을 주장할 근거가 사라진다고 여겼다. 간략하게 말해서 만일 성경이 역사적으로 신뢰할 수 있는 문서가 아니라면, 하나님과 기독교 신앙에 대해 거론하는 모든 것은 의문시해야 마땅하다.

고대의 필사자들이 성경을 베끼는 과정에서 어떤 것을 삭제했거나 첨가했으리라 의심해 본 적이 있는가? 하나님이 모세에게 12개의 계명을 주셨지만 어떤 필사자가 그 가운데 두 가지를 고의로 삭제했다면 어떻겠는가? 가령, 요한복음이 쓰인 뒤, 백 년이 지난 시점에서 그것을 필사하는 동안, 필사자가 5개의 장을 배제했다면 어찌하려는가? 혹은 지나치게 열정적인 필사자들이 본인의 사견을 집어넣고자 예수님의 가르침이나 행적의 기록에 내용을 첨가하거나 왜곡했다고 가정해 볼 수도 있다. 어떻게 우리가 가진 성경이 하나님의 감동하심을 입은 사람들이 애초에 기록한 내용을 정확하게 담고 있다고 확신할 수 있는가? 성경 원본이 단 한 개도 없는 상황에서 어떻게 현존하는 필사본들이 믿을만하고 정확한지 알 수 있는가?

솔직히 말해서, 만일 성경이 역사적으로 신뢰할만한 책이라고 확신할 수 없다면, 우리는 능력으로 충만한 하나님의 말씀이라고 단언할 수 없다. 제아무리 하나님이 능력의 말씀의 주인이시라도, 그분의 말씀이 우리에게 정확하게 전수되지 않았다면, 그런 말씀의 능력은 상실된다.

오늘날, 나는 성경은 믿을만하고 그 모든 말씀은 하나님에게서 나온 것이며 진정한 능력을 갖췄다는 것을 한 점의 합리적 의혹 없이 확신한다. 대학생 시절, 내 마음의 한쪽에는 하나님을 믿고자 하는 여망이 잠잠히 숨어 있었고 그것이 나를 놓지 않았다. 하지만 성경에 대한 신뢰성이 없는 상태에서는 믿음이란 것이 내게 제 자리를 잡지 못했다.

당신도 예외가 아니다.

당신이 하나님을 진심으로 믿을 때는 그분의 말씀이 능력이 된다. 하지만 어느 순간 믿음이 시험에 빠질 때가 있다. 그때 만일 당신의 믿음이 성경은 진정으로 믿을만하다는 증거에 뿌리를 내린 상태라면, 하나님의 말씀은 확고 불변한 사실이라는 것을 확신하기만 하면 그만이다. 나는 당신에게 믿을만한 명백한 증거를 제시하여, 하나님의 말씀이 우리에게 전수되고 필사되는 과정을 주께서 기적적으로 감독하셔서, 그분이 처음에 의도하신 진리를 우리가 고스란히 알 수 있게 되었다는 것을 입증할 수 있다. 당신과 나는 하나님의 말씀이 우리에게 믿을만하게 전수되었다는 것을 알 수 있다. 그러기에 우리는 인생살이에서 매일 그 말씀의 능력을 체험할 수 있다. 그것이 바로 이 책에서 다룰 내용이다. 성경에 계시된 하나님 말씀의 능력을 우리가 경험할 수 있다고 확신하는 이유는 성경의 신뢰성 때문이다.

기대하는 바

하나님의 말씀이 과연 능력이 있다는 것을 인정하려면 그 전제 조건으로 그분이 하신 말씀이 제대로 전수되어 성경이 되었다는 것을 알아야만 한다. 따라서 성경의 위력을 다루기 전에 그것의 신뢰성을 논리적으로 따져봐야 타당하다. 하지만 나는 그 순서를 바꿔서 여기서는 그 이유부터 말하고자 한다. 솔직하게 터놓고 우리가 모두 공감할만한 내면의 욕구를 피력하고 싶다. 아마 당신도 깊은 내면 어딘가에서 우주를 통틀어 나를 깊이 사랑하는 가장 강력한 존재가 계시다고 절규하는 듯한 상념에 잠길 때가 있었을 것이다. 이는 모든 인간의 마음에 깊이 자리 잡은 욕구이다. 나는 당신의 지성에 호소하기 전에 먼저 그런 욕구에 간청하고 싶다. 이는 하나님의 책이 얼마나 그리고 왜 위력이 있는지 당신과 함께 나누고 싶기 때문이다. 내 바람대로 이런 토대가 마련되어야 당신이 하나님의 말씀의 그 아름다움과 신비와 매력에 훨씬 더 깊게 매료될 수 있을 것 같다. 성경의 능력을 제대로 실감하려면 그 저자에게 반해 그분을 진실로 점점 더 사랑해야 하고 그분이 당신을 위해 기록하신 말씀의 그 심오한 의미를 알려고 갈망해야 한다.

그래서 다음의 일곱 개 장에서 우리는 성경의 능력을 탐구할 것이다. 그것이 어떻게 살아있는 책인지, 그것의 참 목적은 무엇인지, 어떻게 그것을 해석해야 하는지, 어떤 식으로 그것이 당신의 매일의 삶에 관련되는지, 그리고 이 유일무이하고 독보적인 문서를 어떻게 당신이 진정으로 사랑할 수 있는지 살필 것이다.

하나님의 호흡이 담긴 말씀의 능력에 단단히 붙잡힌 다음에야 우리는 얼마나 그것을 진정으로 신뢰하게 되었는지 털어놔야 할 것이고, 성경 말씀이 우리에게 정확하게 전수되었다는 진한 확신을 공고히 다지게 될 것이다. 이로써 우리는 하나님이 그 속성대로 우리에게 진리를 밝히 드러내 보여주셨다는 믿음을 갖는다. 우리는 어떤 책의 신빙성을 고증하기 위해 사용하는 현대의 실험기법을 이용하여 성경이 얼마나 신뢰할만한 것인지 조사해 볼 것이다. 우리는 성경 속에서 외관상 모순되는 부분들을 마주 대할 것이다. 그로써 우리는 성경이 얼마나 당신에게 더욱 살아있는 것이 되는지 설명할 것이다.

긴장하라! 하나님의 말씀에 사로잡힐 준비를 단단히 하라. 성경의 위력과 신뢰성을 진정으로 이해하고 경험할 때, 우리의 "마음이 불붙는 것" 같아진다. 이 때문에 우리는 단순히 성경에 기록된 역사나 등장인물의 일화를 다루지 않으려 한다. 우리가 다룰 내용은 신기하게도 살아있는 책에 관한 것이다.

나는 당신이 하나님의 호흡으로 된 성경 말씀의 그 어마어마한 위력을 발견하고 당신 자신의 삶에 그것을 적용할 수 있게 해 달라고 기도한다. 하나님의 책은 신비롭다. 하나님은 당신이 그것을 발견하기 원하신다. 인생의 도전에 맞서기 위해 당신에게 필요한 보물과 통찰이 그 속에 있다. 그리고 하나님은 당신이 그 말씀 안에서 그분을 응시함으로 그것들을 발견하기 원하신다. "너희가 전심으로 나를 찾고 찾으면 나를 만나리라 나 여호와가 말하노라"(렘 29:13~14).

이제 응시하기 시작하라!

1부

성경의 능력

2장

어째서 성경이 살아있는가?

어째서 성경이 살아있는가?

긴장되는 순간이었다! 나는 흥분했다. 초조하기까지 했다. 눈을 감고 나는 하나님께 기도했다. 비록 우리가 소장한 것은 고대 신약사본의 아주 작은 파편에 지나지 않지만, 그토록 간절히 염원하던 사역을 잘 감당할 수 있도록 허락해 달라고 간구했다. 우리는 1,600년에서 2,000년 정도 된 몇 가지 희귀한 이집트인 부장품을 얼마 전 습득했다. 그것들 속에서 고대 성경 기록의 한 단면이 발견되기를 소망했다. 전문가팀이 그것을 조심조심 잘 해체하는 동안 이틀을 꼬박 기다렸다. 그 진실이 밝혀질 순간이 이제 도래했다.

2013년 12월 6일이었다. 우리는 전례가 없던 행사를 텍사스 플라노에서 치렀다. 콥트어와 헬라어를 위시하여 고대어에 정통한 전문 학자들이 한자리에 모였다. 콥트어는 그리스가 이집트를 정복한 이후에도 이집트인들이 마지막까지 모국어로 사용하던 언어이다. 이 부장품들 표면 아래 적힌 글들이 아마도 헬라어나 콥트어일 공산이 컸다. 나는 몇 시간째 일에 몰두하는 능숙한 전문가들이 있는 탁자에서 채 5m도 안 되는 곳에 자리했다. 그 부장품들 자체에는 관심이 없었다. 그것은 B.C. 3세기에서 A.D. 5세기 사이까지 연대가 올라가는 파피루스(고대의 종이)를 켜켜이 붙여 놓은 기본 자료에 불과했다. 그 전문가들은 우리가 획득한 그 희귀한 이집트 부장품들 속에서 파피루스를 오랜 시간에 걸쳐 하나씩 확인해 가면서 끄집어냈다. 그들이 성경과 관련한 것들을 발굴하는 작업이기에 나는 끈기 있게 기다렸다.

  고대 사본 전문가인 스캇 캐롤 박사는 그가 발굴한 것을 발표할 채비를 마쳤다. 그는 무엇이 공개될 것인지 기대하며 그것을 보고 싶어 하는, "초대자에 한하여" 입장한 약 이백 명가량의 기독교 변증가들과 지도자들이 모여 있는 갤러리를 빙 한 바퀴 둘러 봤다. 진실을 밝힐 순간이 임박했다.

우리는 무엇을 발견했는가?

스캇과 그의 팀이 공개할 것이 무엇인지 바짝 긴장하며 기다리는 동안, 이 자리를 갖기까지 내가 겪었던 일들이 주마등처럼 스쳐 지나갔다. 스캇은 내가 로지 토라(Lodz Torah)라고 명명한, 히브리어 토라를 전에 내가 취득할 때 줄곧 함께하며 도움을 주던 분이다.

그것은 히브리어 성경의 처음 다섯 권의 책이 적혀 있는 540년 된 두루마리였다. 나는 강연하는 내내 그것을 펼쳐서 보여주었다. 뜻밖에도 그것이 성경의 신뢰성을 설명하는데 굉장히 큰 강점으로 작용했다. 청중의 반응이 뜨거웠는데, 특히 청년들의 호응이 대단했다. 로지 토라의 교육적 가치를 실감한 나는 하나님께 고대 신약 사본을 입수하는 사역도 펼칠 수 있게 해달라고 기도하기 시작했다. 그러한 유물을 수천 명의 청년과 장년에게 전시하여, 그리스도와 삶을 변화시키는 그분의 메시지가 적혀 있는 실제 사본을 그들에게 현장에서 직접 생생하게 보여주고 싶다고 했다. 그러다 나는 신약 사본을 수집하는 일에 적합한 분으로 자연스럽게 스캇 캐롤 박사를 떠올렸다.

내가 스캇 박사를 안지는 채 이 년이 안 된다. 베일러 대학교에서 열린 어느 소규모 세미나에서 그가 고대 이집트인 미라의 **카터니지**(cartonnage, 두꺼운 종이로 만든 관)의 내부에서 파피루스들을 조심스럽게 분해해 낼 때였다. 그는 자신이 개발한 그만의 전매특허 방식으로 이렇게 적출하는 과정을 통해 고대 문서와 성경 본문을 발굴해 내는 탁월한 전문가이다. 베일러 세미나에서 우리가 봤던, 그가 적출한 파피루스들은 그가 당시에 관리하던 그린 컬렉션(Green Collection)이 소장하고 있다. 그는 그 컬렉션이 보유한 수백만 달러의 가치가 있는 50,000여종의 고대 유물, 파피루스, 양피지를 수집하는데 이바지 했다. 그러니 우리가 고대 신약 파편을 구하는데 최적의 인물은 단연코 스캇 캐럴 박사였다.

나는 스캇의 실력에 매료되었다. 그의 연구 실적과 고대 및 중세 사본학 분야에서 쌓인 여러 인맥만으로도 그는 모든 요건을 다 갖춘 인물이다. 고고학 발굴 현장을 쫓아다니며 사본을 찾는 대신, 스캇 박사는 버려진 다량의 파피루스를 덧붙여 만든 고대의 카터니지를 합법적으로 입수하려 했다.

물론 파피루스는 그리스도께서 지상에 계시는 동안에 살던 사람들이 글을 쓸 때 사용하던 종이이다. 파피루스는 일단 상태가 악화하기 시작하거나 글자가 서서히 바래지면, 새 파피루스에 그것을 옮겨 적은 다음에 처음 것은 용도 폐기했다. 이것은 사도들이 작성한 서신서의 경우도 마찬가지이다. 그런데 고대인들은 오늘날 우리처럼 용도 폐기한 것을 쓰레기통에 버리는 사회가 아니었다. 그것을 수리해서 다른 용도로 다시 썼지 완전 폐기 처리하지 않았다. 사람들은 종종 다 쓴 파피루스를 한데 모아두었다가 그것을 효과적으로 재활용했다. 그들은 그것을 축축하게 적셔서 다양한 물건을 만들기 위해 압착했다.

[이집트인 마스크의 전면]

베일러에서 스캇이 축출해 내던 내가 본 이집트인 부장품은 파피루스를 겹겹이 압착하여 만든 것이었다. 이집트에서 장례를 집전하던 사제들은 버려진 파피루스를 아교와 함께 섞어 걸쭉하게 이긴 후 그것을 아주 단단하게 굳히는 파피에 마세(Papier-mâché, 혼응지[混凝紙]) 기법으로 미라의 관이나 기타 물품을 만들어 사용했다. 그들은 때때로 석고를 개서 딱딱하게 굳은 혼응지 위에 바른 다음에 금이나 은으로 칠했다. 그 과정을 이런 식으로 상상해 볼 수 있다. 낡은 책에서 낱장 별로 떼어낸 종이를 잘게 찢어서 축축하게 물에 적신 다음 그것을 백화점 마네킹의 얼굴에 치덕치덕 바르며 코, 눈썹, 입술, 귀 모양이 제대로 나오게 한다. 그런 다음 종이 반죽이 완전히 마르면, 살구색이 나는 물감을 칠하면, 마스크가 완성된다. 이런 파피에 마세 기술은 관 이외의 다른 다양한 물건 제작에도 사용되었다. 장식용 틀, 튼튼한 책 표지 및 제본, 심지어 가구를 제작하는데 이용했다.

우리는 파피에 마세 기법으로 제작된 물품을 원상태로 돌려서 그것의 재료로 쓰인 파피루스에 원래 적혀있던 성경 본문을 어떻게 해서든 발굴해 내고자 하는 소망을 이루기 위해 그 일을 스캇 박사에게 일임하기로 했다. 결국 스캇 박사가 그 일이 좋은 사례가 될 수 있을 것이라 확신한다며 우리의 제안을 받아들였다. 우리는 성급히 이 여러 고대 유물에서 파피루스를 축출해내기보다는 다른 사람도 함께 그 과정에서 배울 수 있도록 체험의 장을 마련하자고 결의했다. 우리는 이백 명 이상의 변증가, 기독교 지도자, 평신도, 수준 높은 고대어 전문 학자를 초대하여 "증거 발견"(Discover the Evidence) 행사를 개최하게 되었다.

둘째 날 점심식사 후, 우리는 모두 "조사실"에 다시 함께 모였다. 스캇과 그의 동료들은 점심도 거르고 그 카터니지에서 파피루스들을 조심조심 끄집어냈는데, 드디어 그 조각 중에서 한 개를 찾아냈다. 이 순간을 내가 얼마나 학수고대하며 기다렸는지 모른다. 탁자 위에 수북이 쌓인 수많은 파피루스 파편이 눈에 띄었다. 언어학자들이 확대경을 들고 하나씩 살피며 획획 던져 놓은 것들이다.

장내가 정리되자, 스캇이 밝게 소리치며 말했다. "조쉬의 소장품부터 시작하겠습니다."

나는 애써 침묵을 지켰다. 손자가 내 무릎에 앉아 있었다. 아내 도티는 내 오른쪽에 자리했고, 왼편에는 동료 한 명이 있었다. 족집게로, 스캇은 조심스레 파피루스 파편 한 개를 집어 올리더니 내 쪽을 바라봤다. 나는 숨을 크게 들여 마셨다.

"이것은 4세기 콥트어로 번역한 성경의 복음서 구절입니다." 나의 동료는 내 팔을 잡고 아무 말도 못했다. 나는 그저 다시 한 번 깊이 숨을 몰아쉬며, 천장을 바라보면서, 속삭였다. "아멘! 주님 감사합니다!"

스캇은 그 조각을 내려놓고 다른 것을 집어 들었다. "이 두 번째는 마가복음 본문이고, 세 번째 것은… 매우 멋진 성경 구절이네요, 개봉된, 대문자로 쓴 본문입니다."

[이집트인 마스크의 뒷면]

그는 이 과정을 거듭거듭 반복했다. 모든 분석이 끝나고, 모든 확인이 완료된 후, 우리가 앞으로 신경 써서 지켜야 할 총 6개의 신약 구절과 1개의 구약 사본 조각 - 7개의 보물 -을 얻었다. 예레미야 33장이 적힌 사본에서 떨어져 나온 파편은 현존하는 콥트어 파피루스 가운데 그 구절이 적힌 것으로는 가장 오래되었을 것으로 예상했다. 또한, 나머지는 마가복음 15장, 요한복음 14장, 마태복음 6장과 7장, 그리고 요한일서 2장의 사본 일부였다. 이것들 모두는 어떤 언어로든 이 구절이 적힌 현존하는 파피루스 가운데 가장 오래되었을 가능성이 있다고 했다. 갈라디아서 4장 역시 파피루스에 기록된 구절로는 연대가 가장 오래되었을 것으로 예측했다. 이 보물들은 기대 이상의 수확이었다. 나는 마냥 행복했다!

나는 탁자로 다가가서 그 황갈색의 조각들을 응시했다. 그것들에 가볍게 손을 대는 순간, 감동의 물결이 나를 압도했다. 하나님께서 나의 기도에 실제로 응답하셨다. 그분이 보잘것없는 나에게 이 보물을 허락하여 세상 사람들과 공유할 수 있게 하셨다. 19세에 글래스고에서 고대 성경 사본을 처음 본 순간 내가 느꼈던 감동이 떠올랐다. 또다시, 그 조각들 속에서 그때의 힘을 느낄 수 있었다.

스코틀랜드에 갔을 때 나는 반항하는 10대였고, 겸손하고는 거리가 멀었다. 나는 내가 잘난 줄 알고 오만하기 그지없었다. 나는 발 벗고 나서서 기독 학생모임에 그리스도와 성경을 믿는 신앙이 얼마나 어리석고 허황한지 입증해 보이려 했다. 내가 그들을 조롱할 때,

그들은 나에게 성경의 신뢰성과 그리스도의 진실성을 입증하는 증거를 탐구해 보라고 도전했다. 우쭐거리는 마음에 그 도전을 받아들여 나는 바로 거기 글래스고로 여행을 떠났던 것이다.

나는 스코틀랜드의 여러 도서관과 박물관에서부터 영국의 케임브리지, 옥스퍼드, 맨체스터 도서관을 두루 섭렵했다. 나는 그 당시에 가장 오래된 것으로 여기던 신약 사본을 위시하여, 그곳들에 소장된 고대 사본을 조사하고 연구했다. 여행 막바지에, 나는 여러 달 동안 독일, 프랑스, 스위스의 여러 대학교에서 연구를 계속했다. 수십 권의 책을 탐독하고 앞서가는 학자들과 대화를 나눈 후, 나는 런던 칠턴 가에 있는 복음주의 도서관(Evangelical Library)에서 결국 멈췄다. 저녁 6시 30분쯤 나는 내 주변으로 빙 둘러 쌓아 놓았던 수많은 책을 옆으로 밀어냈다. 의자에서 상체를 뒤로 젖히고 눈을 부릅뜬 채 천장을 빤히 올려다보며 나도 모르게 큰소리로 외쳤다. "그것은 진리야!" 나는 연거푸 두 번이나 그렇게 외쳤다. "그것은 진리야. 정말로 진리야!"

감정의 홍수가 일더니 그리스도의 삶, 죽음, 부활에 관한 성경의 기사가 정확한 기록이며 참된 진실이란 각성이 나를 완전히 압도해 버렸다. 그리스도가 하나님의 아들이란 진리가 내 영혼 깊숙이 파고들었다. 더는 그리스도의 실재를 거부할 수 없었고 지적으로 나 자신을 속일 수 없었다. 이런 충격적인 자각은 나의 일생에서 참으로 결정적인 순간이었다. 나는 이제 어떤 지적인 이유로도, 또한 이런 저런 감정적인 이유로도 그리스도를 거절할 수 없다는 것을 깨달았다. 그때부터 나는 느리지만 계속해서 기독교에 대한 나의 반항심과 배격에 맞서 싸우기 시작했다. 자기 아들을 보내사 나를 대신하여 죽게 하신 사랑의 하나님과 나 사이를 가로막고 있던 것이 죄라는 것을 알았다. 고대 사본들에게서 느낀 힘에 이끌려 그것의 의미를 알려고 깊이 있게 연구한 덕분에 내가 생생하게 발견하게 된 것은 다름 아니라 진리 그 자체이신 분, 곧 그 이름 예수셨다.

이 기록들은 정말로 살아있는가?

돌아보니, 런던 도서관에서 내가 겪은 경천동지할만한 각성은 그보다 훨씬 이른 유럽의 여러 박물관과 도서관에서 내가 고대 파피루스 파편을 조사할 때 이미 전조가 있었다. 사도들이 쓴 서신서의 필사본들을 보면서, 실재했던 사람이 이 문서들을 필사할 때는 틀림없이 무슨 중요한 이유가 있었을 거라 생각했다. 기자 – 아니, 좀 더 정확하게는, 필사자 –는 분명히 이 서신에 담긴 메시지가 그만한 가치가 있다고 느꼈기에 그것을 후대에 반드시 남기려 했을 것이다. 마치 방금 쓴 원본이라도 되는 양, 각 복사본을 새롭게 필사하고 보존함으로써 그 원본의 생생함을 이어갔다.

필사본들은 예수님에 관한 이야기를 생생하게 보존하고픈 사람들이 복사한 것이라 이해하기 시작했다. 고대의 각 성경 사본 이면에는 단어 하나, 철자 하나를 꼼꼼하고 겸허하게 필사한 사람들이 있다. 각 파피루스에 배어있는 잉크가 나에게 다가와 이렇게 말하는 것 같았다. "예수 그리스도에 대한 이 진리의 말씀은 누군가에게 새로운 생명을 준다. 너를 위해 기록한 말씀이기도 하다. 너도 그리스도를 믿어 그분 안에 있는 새 생명을 경험하는 게 어때?"

사도 요한이 파피루스에 원래의 메시지를 기록한 후, 수세기 뒤에 복사본이 제작되었다. 예수님을 곁에서 직접 모셨던 요한은 자기가 겪은 일을 기록으로 남기면서 왜 그러는지를 이렇게 설명한다. "예수께서 제자들 앞에서 이 책에 기록되지 아니한 다른 표적도 많이 행하셨으나 오직 이것을 기록함은 너희로 예수께서 하나님의 아들 그리스도이심을 믿게 하려 함이요 또 너희로 믿고 그 이름을 힘입어 생명을 얻게 하려 함이니라"(요 20:30~31).

나는 최초에 마가, 요한, 마태, 바울이 쓴 원본을 복제했던 사본들에서 떨어져 나온, 내용이라고는 몇 줄밖에 없는 쪼가리들을 만져도 보고 쳐다보면서, 그들을 매료시켰을 이 말씀의 위력을 실감했다. 이 글자를 그대로 필사하던 자들도 그 위력을 분명히 인지했을 것이다. 이 조각들의 연대가 A.D. 350년까지 거슬러 올라간다는 점을 기억하라. 이는 교회가 공의회에서 신약을 성령의 영감으로 된 하나님의 말씀으로 공인하기 이전 시대이다. 그래서 필사자들은 자기가 모사하는 것이 훗날 성경으로 인정될 줄 알아채지 못했다. 교회가 신약을 정경화 한 것은 A.D. 393년 히포 공의회와 A.D. 397년 카르타고 공의회에서였다.

대체 무슨 까닭에 사도의 기록들을, 그것도 성경으로 공인되기도 전인데, 사람들은 수백 년에 걸쳐 복사해 왔던 것일까? 사도들의 편지가 그들에게 유의미하다는 것을 틀림없이 느꼈겠지만, 도대체 왜일까? 왜 이 별난 기록에 그토록 넋이 나가서 애지중지했던 것일까?

이 의문의 답은 단순하지만, 역시 놀랍다. 하나님의 감동하심을 받은 사도들이 그분의 우주적 진리를 전하기 위하여 말씀을 기록했다. 영원토록 변치 않는 성령께서 그것을 살아 있는 말씀이 되게 하셨다. 성령께서 친히 그 살아 있는 말씀을 통해서 하나님의 영원한 진리를 자기 백성에게 알려 주셨다. 내가 습득한 요한일서 2장의 고대 사본 조각이 하나의 아주 적절한 사례가 될 수 있다. 사본에 적힌 하나님의 말씀은 과거 4세기 사람에게도 살아있는 말씀이었고, 오늘날 우리에게도 여전히 살아있는 말씀이다.

이 요한일서 2장의 조각이 필사되기 바로 직전인 A.D. 320년경에 이집트 알렉산드리아 교회에 리비아 사람 아리우스 장로가 있었다. 그는 격심한 신앙 논쟁을 일으킨 장본인이다. 그는 예수님은 피조물이며 성부와 영원히 공존할 수 있는 존재가 아니라는 사설을 주창했다. 그리스도의 신성이 이집트인 기독교 공동체 안에서 맹공격을 받았고, 그로 인해 소란의 도가니가 되었다.

비단 이것은 초대 교회 시대에서 일어났던 그리스도의 신성에 대한 최초의 논쟁이 아니다. 예수님이 승천하신 후 채 50년도 안 된 시점에, 교회에 사도들의 가르침을 부정하고 예수님은 육체를 입으신 하나님이 아니라는 이단 사설이 일기 시작했다. 사도 요한은 이런 거짓 사상과 싸우기 위해 그의 첫 번째 서신을 기록했다. 참 우연히도 하나님이 나에게 허락하셔서 얻게 하신 요한일서 사본 조각에 바로 이 문제가 적혀 있다.

요한은 교회에 적그리스도들에 대하여 경고하였다. 저들은 예수님이 하나님의 참 아들이신 그리스도가 아니라고 주장했다. 그 쪼가리에는 콥트어로 이렇게 쓰여 있다. "내가 너희에게 쓰는 것은 너희가 진리를 알지 못하기 때문이 아니라 알기 때문이요 또 모든 거짓은 진리에서 나지 않기 때문이라"(요일 2:21). 요한은 이어서 한 가지 중요한 질문과 답변한다. "거짓말하는 자가 누구냐 예수께서 그리스도이심을 부인하는 자가 아니냐 아버지와 아들을 부인하는 그가 적그리스도니"(22절). 그런 다음에 요한은 자기가 그들에게 쓴 서신의 내용이 매우 유력한 진리가 되는 이유를 확고부동하게 설명한다:

> "너희를 미혹하는 자들에 관하여 내가 이것을 너희에게 썼노라 너희는 주께 받은 바 기름 부음(성령님)이 너희 안에 거하나니 아무도 너희를 가르칠 필요가 없고 오직 그의 기름 부음(성령님)이 모든 것을 너희에게 가르치며 또 참되고 거짓이 없으니 너희를 가르치신 그대로 주 안에 거하라"(26~27절). (역자주: 저자는 개역개정에 기름부음으로 되어 있는 부분을 성령님으로 번역했다)

요한이 서신으로 적어 보낸 말씀이 진리이며 운동력이 있었던 이유는 그것이 어제나 오늘이나 영원토록 동일하신 하나님의 살아있는 말씀이었기 때문이다. 그는 "예수님은 그리스도이시다"고 선언했다. 하나님은 1세기 사람들이 그 중요하고 영원한 진리를 믿기 바라셨다. 그리고 우리도 역시 믿기 원하신다. 성령께서 가르쳐 주셨던 그 놀라운 진리가 이 엄청난 편지 안에 담겨 있다. 하나님에게서 나온 이 말씀은 그것이 최초로 기록되었던 1세기에도, 이 쪼가리들의 필사본이 제작되었던 4세기에도 사람들에게 여전히 살아서 작용했던 것은 하나님의 영이 그것에 관여하셨기 때문이다. 성령께서 성실했던 필사자들을 지도해 주시므로 시대와 무관하게 오늘에 이르기까지 똑같은 말씀이 똑같은 진리로 통할 수 있는 것이다.

사도 바울은 그것을 이렇게 명확히 설명한다. "우리가 이것[하나님의 진리]을 말하거니와 사람의 지혜가 가르친 말로 아니하고 오직 성령께서 가르치신 것으로 하니 영적인 일은 영적인 것으로 분별하느니라 육에 속한 사람은 하나님의 성령의 일들을 받지 아니하나니 이는 그것들이 그에게는 어리석게 보임이요, 또 그는 그것들을 알 수도 없나니 그러한 일은 영적으로 분별되기 때문이라"(고전 2:13~14).

A.D. 350년경에 요한일서 2장을 필사한 사람은 틀림없이 글자 하나하나에서 활력을 느꼈을 것이다. 이집트의 그리스도인들도 분명히 그랬을 것이다. 성령님으로 말미암아 그들에게도 이것은 살아있는 말씀이었을 것이다. 그들은 그리스도에 대한 아리우스의 그 터무

니없는 억측이 거짓 교훈이란 것을 분별했고, 자기 자녀들에게 예수님이야말로 그들의 죄를 용서하사 하나님의 자녀가 되게 하는 권세를 가지신 하나님의 아들이란 것을 받아들이게 했던 것이 분명하다. 그것은 오늘날 우리에게도 똑같은 진리이다. 요한일서의 이 말씀은 살았고 유의미하다. 현세대에도 예수님은 그저 좋은 선생이었다고 주장하는 자들이 있다. 그는 하나님의 아들도 인간 구원을 위한 유일한 길도 아니라며 억지소리를 해댄다. 하나님께로 가는 수단은 많으며 예수님은 단지 좋은 얘기를 남긴 성인에 불과하다고 말한다. 그러나 우리는 그것이 진리가 아니란 것을 안다. 왜냐하면 하나님의 영께서 그분의 말씀인 성경을 통해 예수님은 그리스도이시며, 이에 누구라도 딴소리를 하면 틀렸다고 선언하기 때문이다. 하나님의 말씀은 진리를 선포하고, 하나님의 성령께서는 마음과 정신이 온전하게 열린 자들에게 그것을 확증하신다.

사도였으리라 추정하는 히브리서의 기자는 이렇게 단언한다. "하나님의 말씀은 살았고"(히 4:12). 이는 참이다. 성경의 진리와 메시지는 살아계신 하나님에게 속했기 때문이다. 하나님은 자기의 영적 진리를 각종 세상 문화 속에 거하는 모든 세대에게 성경을 통해 직접 말씀하신다. 성경만한 책이 없다. 소설을 읽어도 깊은 감동을 한다. 시집이나 영감 있는 기독교 서적을 읽어도 깊은 감흥을 느낀다. 그러나 이런 종류의 도서는 "하나님의 말씀"이 아니다. 물론 하나님은 당신이 읽는 책들을 통해 당신에게 역사하기도 하신다. 하지만 살았고 활력이 있어 영원히 사라지지 않을 책은 그분의 말씀, 그분의 진리뿐이다. 예수님은 이렇게 말씀하신다. "천지는 없어질지언정 내 말은 없어지지 아니하리라"(마 24:35).

생각을 정리해 보자. 삼천 년도 더 된 그 옛날에 모세가 처음 다섯 권의 책인 오경을 기록하던 때부터 지금까지 성령께서 활기를 불어넣어 주심으로 하나님의 말씀은 항상 살았고 활력이 있다. 억겁의 세월이 지난 미래에도 말씀은 여전히 살아있을 수밖에 없다. 이것이 바로 내게 들어 온 그 신약 사본 파편들을 경건한 마음으로 만지는 순간 나를 휘감았던 생각이다. 하나님의 책은 그분께서 나와 당신이 꼭 읽기를 바라시는 살아있는 책이다. 그 속에는 하나님의 어휘가 담겨있다. 그것은 그분의 영원한 말씀들의 모음이다. 그분이 거기 계시며, 그분의 살아있는 말씀을 직접 당신에게 전하면서 그 말씀의 의미를 가르치고 싶어 하신다. 대체 그분이 나에게 어떤 의미를 가르쳐 주실까? 또한, 당신에게는 무슨 의미를 가르쳐 주실까?

그 살아있는 말씀이 전하고 가르치려는 바를 많은 사람이 회피하고 있다. 예수님 당시의 종교 지도자들은 성경의 목적을 전혀 이해하지 못했다. 창세기부터 말라기까지 하나도 빠짐없이 전부 살아있는 말씀이건만, 너무도 많은 사람이 하나님의 영에 사로잡히지 않아서 그 말씀의 의미를 이해하지 못한다. 성경의 목적은 분명하다. 우리가 그 목적을 이해하면, 삶을 변화시키는 진리를 제대로 붙잡을 수 있다. 하나님의 살아있는 책의 진정한 목적을 안다면, 당신은 말씀의 진미를 맛보게 될 것이다. 그것이 바로 다음 장의 주제이다.

3장

성경의 본래 목적

성경의 본래 목적

　도티는 그야말로 펑펑 울었다. 학교에서 열린 한 모임에 나갔다가 어떤 자모한테 우리 아이를 헐뜯는 소리를 듣고 크게 상처를 받았던 모양이다. 나는 제일 먼저 그 상황에서 아내의 생각을 이끌어 줄 성경 구절을 떠올려서 그것을 가지고 아내가 합당한 행동을 할 수 있도록 적용 가능한 메시지를 알려줄 수도 있었다.
　그것이 바로 성경이 존재하는 이유이다. 맞는가? 성경의 목적은 생각을 바르게 하고 올바르게 행동하도록 우리를 가르치기 위한 것이라고 배운 적이 있지 않은가? 나는 예수님을 처음 믿을 때, 정말이지 그렇게 생각했다.

　나도 모르게 충동적으로 도티에게 우리 애를 함부로 비방한 그 못된 자에게 앙갚음이 있다는 걸 믿으라고 직언할 수도 있었다. 도티 역시 본능적으로 그 사람에게 직격탄을 날리고 싶었을 것이다. 그래서 그녀가 생각을 신명기 32절 34~35절 같은 말씀으로 잘 추슬러야 할 필요가 있다고 알려 줄 수도 있었다. "그들이 실족할 그때에 내가 보복하리라." 도티를 좀 진정시킨 다음, 이런 하나님의 말씀을 되새김질해 보며, 이 상황을 판단하실 분은 그녀가 아니라 하나님이라는 믿음을 가지게 할 수도 있었다.

　이어서, 도티가 그 자모를 상대로 당당하게 행동할 수 있게 해 줄 수도 있었다. 그래서 나는 그녀에게 이런 식으로 조언할 수도 있었다. "잘했어. 여보. 이런 일에 전혀 사로잡히지 마. 당신은 인내와 친절로 그 자모를 대하면 돼. 그녀가 그것을 받을만한 자격이 없더라도." 나는 그것이 하나님께서 도티에게 원하시는 행동이라고 믿으면 되었다. 누군가 우리를 공격할 때 어떻게 행동해야 하는지 성경이 말하는 바를 나는 잘 안다. "악을 악으로, 욕을 욕으로 갚지 말고 도리어 복을 빌라 이를 위하여 너희가 부르심을 받았으니 이는 복을 이어받게 하려 하심이라"(벧전 3:9).

그 목적의 단편만 봄

내가 도티에게 제시하려던 지침은 잘못된 것이 하나도 없다. 그리고 성경보다 더 나은 그런 지침은 어디에도 없다. 여느 사람과 마찬가지로 그녀도 옳게 생각하고 바르게 행동해야 한다. 심지어 어떤 이들은 우리가 올바르게 생각하고 행동하도록 가르치려는 오직 교리적이고 실천적인 목적을 위해서 하나님이 그분의 말씀을 주셨다고 말하기도 한다. 그들은 바른 교리와 의로운 생활이 성경의 유일한 목적이라는 주장을 하면서 그 근거로 디모데후서를 지목한다. "모든 성경은 하나님의 감동으로 된 것으로 교훈과 책망과 바르게 함과 의로 교육하기에 유익하니"(딤후 3:16).

교리적이고 실천적인 지침도 하나님이 성경을 주신 목적이 맞다. 디모데후서 3장 16절에서 **교훈**이란 단어는 헬라어로는 **디다스칼리아**(didaskalia)인데, 이는 "교리" 또는 "올바른 사상"이란 뜻이다. 여기서 바울은 하나님이 그분의 말씀을 주신 것은 우리로 바르게 믿게 하려는데 있다고 잘 설명한 것이다.

이 구절에서 **바르게 함**이란 말은 헬라어로는 **에파노르쏘시스**(epanorthosis)인데, 이는 "생활을 바르게 혹은 옳게 회복하다" 또는 "성격을 개선하다"라는 의미이다. 따라서 바울은 디모데와 우리에게 성경은 우리가 잘못했을 때 우리를 교정하여 올바르게 생활하도록 회복시켜주는 하나님의 도구라고 명확하게 말하는 것이다. 그러므로 성경은 우리에게 바르게 믿고 올바르게 삶을 살도록 가르쳐 주는 책이다.

이런 지침이 성경의 중요한 측면이긴 하지만, 그것이 전체 그림은 아니다. 사실상, 바르게 생각하고 옳게 살기 위한 성경의 가르침을 경우에 맞게 적용하지 못하면, 우리는 성경의 참된 목적을 놓친다. 예수님 시대에 종교 지도자들이 그런 견지에서 너무 멀리 벗어났다. 그들은 "바른 교리"와 "의로운 삶"을 현실에서 아주 멀리 떨어뜨려 놓았다.

비록 바리새인들과 사두개인들은 율법학자였어도, 그 젊고 당찬 랍비인 예수님은 그들을 책망하고 도발했다. 엄청난 무리가 예수께 모여 들자, 그들은 예수님은 고깝게 봤다. 그래서 그들은 되풀이해서 그분을 따라다니며 대중이 보는 앞에서 꼬투리를 잡으려고 혈안이 되었다.

특히 사두개인들은 부활 교리를 믿지 않았다. 그래서 그들은 그 완벽한 교사를 곤궁에 빠뜨리려고 까다로운 신학적 질문을 한다. 그러나 그분은 즉각 믿음의 지침서인 성경의 내용을 거론하며 명쾌하게 답변하신다. "죽은 자의 부활을 논할진대 하나님이 너희에게 말씀하신바 나는 아브라함의 하나님이요 이삭의 하나님이요 야곱의 하나님이로라 하신 것을 읽어 보지 못하였느냐 하나님은 죽은 자의 하나님이 아니요 살아 있는 자의 하나님이시니라 하시니"(마 22:31~32).

예수님은 출애굽기 3장 6절을 인용하여 죽은 자의 부활을 설명하

3장 성경의 본래 목적

셨다. 후에 예수님은 이렇게 말씀하신다. "나는 부활이요 생명이니 나를 믿는 자는 죽어도 살겠고"(요 11:25). 성경의 가치는 이처럼 바른 믿음으로 인도하여 분명한 확신을 갖게 하는데 있다. 구약의 교훈, 예수님의 말씀, 그리고 사도들의 서신은 올바른 교리를 결정하는 최종 권위이다. 성경은 우리가 어떻게 바르게 믿고 생각해야 하는지 교훈한다.

예수님 당시의 종교 지도자들은 교리에 있어서 다들 거장이었다. 만일 바르게 믿지 않는다면, 당신도 그들에게 죽임을 면치 못한다. 그들은 율법서의 항목을 단 한 가지도 빼놓지 않고 다 지킬 것을 주장한다. 그들은 성경을 일종의 행동 수칙 대조표로 보았다. 어느 날, 그들은 트집을 잡기 위하여 예수님에게 세금 문제를 꺼낸다. 그들은 "가이사에게 세금을 바치는 것이 옳으니이까 옳지 아니하니이까?"라며 물었다. 예수님은 이렇게 응대하신다. "세금 낼 돈을 내게 보이라 하시니 데나리온 하나를 가져왔거늘 예수께서 말씀하시되 이 형상과 이 글이 누구의 것이냐 이르되 가이사의 것이니이다 이에 이르시되 그런즉 가이사의 것은 가이사에게, 하나님의 것은 하나님께 바치라"(마 22:17, 19~21).

물론, 바리새인들은 예수님을 옭아매려고 정치적인 문제를 일으킬 수 있는 질문을 던졌다. 그러나 그분은 단순히 누구에게 순종해야 하는지 그 순종의 대상을 지적하셨을 뿐이다. 예수님은 성경의 계명을 준수하셨고, 되풀이하여 우리가 따라야 할 율법과 가르침과 성경의 교훈을 말씀하셨다. 달리 말해, 성경은 행동을 위한 목적도 가진다. 우리는 이것은 하고, 저것은 피하고, 이런 사상은 꼭 간직하고,

저런 행동은 그만두라는 교훈을 받는다. 성경은 어떻게 옳게 살아야 하는지 알려주는 교훈서이기도 하다.

성경의 교리와 계명은 의로운 인생길로 주행하게 하는 평행의 철로와 같다. 성경의 교훈(교리)은 바른 사상과 믿음을 가지게 한다. 성경의 지시(계명)는 올곧은 행동과 생활을 하게 한다. 그러나 상황을 고려하지 않으면, 바른 사상과 올곧은 생활 사이에 **균형**을 유지하게 하려는 성경의 참된 목적을 잃을 수 있다. 우리는 자칫 율법의 중요성을 지나치게 강조하여 일체 바른 교리를 배우는 일에만 몰두할 수 있다. 이로 인해 쉽게 거드름을 필 수 있고 오로지 진리를 습득하는 일 그 자체에만 매달릴 수 있다. 율법에 과도하게 집착하다 보면, 율법주의적 행동과 판단하려는 자세를 가질 수 있다. 그런 율법주의는 바리새인들에게 나타났던 특성이다. 그들의 균형 잃은 믿음과 삶은 가장 크고 첫째 되는 계명을 이해하지 못한데서 비롯되었다.

텍사스 주 오스틴에서 친밀한 인생(Intimate Life)사역을 하는 나의 벗 데이비드 퍼거슨은 「잃어버린 성경의 목적」(The forgotten Purpose of Scripture)라는 유명한 책을 집필했다. 데이비드는 나에게 인생과 그리스도와 성경에 관련한 사상 정립에 큰 영향을 주었다. 이어지는 글은, 하나님께서 성경을 주신 목적은 관계성에 있다는 그의 통찰에서 얻은 내용이다.

성경의 목적인 관계성 이해

예수님은 한 율법사의 질문에 대답하면서 성경의 참된 목적을 설명하셨다. "율법 중에서 어느 계명이 크니이까 예수께서 이르시되 네 마음을 다하고 목숨을 다하고 뜻을 다하여 주 너의 하나님을 사랑하라 하셨으니 이것이 크고 첫째 되는 계명이요 둘째도 그와 같으니 네 이웃을 네 자신 같이 사랑하라 하셨으니"(마 22:36~39).

예수님은 먼저 종교 지도자들이 율법의 예전에 따라 매일 일과를 시작할 때와 마칠 때 "우리 하나님 여호와는 오직 유일한 여호와이시니"(신 6:4)라고 암송하며 드리는 **쉐마**(shema) 기도의 일부인 신명기 6장 5절을 인용하신다. 이어서 그분은 신명기 6장에 나오는 하나님을 사랑하라는 계명과 네 이웃 사랑하기를 네 자신과 같이 사랑하라는 레위기 19장 18절의 계명을 병합하신다.

예수님은 이 캐기 좋아하는 바리새인에게 가장 크고 첫째 되는 계명은 우리가 가진 모든 것으로 하나님을 사랑하고 우리가 자신을 사랑하듯 우리 이웃을 사랑하는 것이라고 말씀하셨다. 그러나 예수님은 거기서 멈추지 않으셨다. 그분은 가장 심오한 설명을 이어서 하셨다. "이 두 계명이 온 율법과 선지자의 강령(기초)이니라"(마 22:40). 달리 말해서, 모든 바른 교훈과 모든 올곧은 삶은 하나님을 사랑하고 서로 사랑하라는 계명에 달려 있다는 뜻이다. 성경을 주신 목적은 그 책을 쓰신 분과 또한 주변의 모든 사람과 우리가 깊디깊은 사랑의 관계를 맺도록 하려는데 있다고 예수님이 이 율법사 – 그리고 우리 모두 –에게 말씀하신 것이다.

바리새인들과 다른 종교 지도자들은 겉보기에 성경의 교리적 목적과 실천적 목적을 단단히 붙든 자였다. 그러나 그들은 바른 믿음과 올바른 행동이 반드시 옳은 관계로 이어져야 한다는 것을 이해하지 못했다. 그동안 내가 눈여겨본 바에 따르면, 우리 시대에도 많은 사람이 이 부분에서 실패한다.

예수님이 극히 중요하다고 말씀하셨던 것은 사실 새로운 것이 아니었다. 구약 성경에는 진리(믿음과 계명)와 관계성이 서로 이어져야 한다는 내용으로 가득하다. 다윗 왕은 시편에 이렇게 적어 놨다. "주의 인자하심이 내 목전에 있나이다 내가 주의 진리 중에 행하여"(시 26:3). 그다음 그는 이런 기도도 한다. "여호와여 주의 도를 내게 가르치소서 내가 주의 진리에 행하오리니"(시 86:11). 이처럼 구약의 기자는 **진리**를 **관계**라는 맥락 속에서 이해했다. 예수님의 선포는 단순히 교리적 믿음과 순종을 다시 구성한 것이고, 관계의 맥락 속에 들어있어야 할 그것들을 다시 제 자리로 돌려놓은 것뿐이다. 당시의 종교 지도자들은 그런 관점을 잊고 있었다. 그분은 하나님의 말씀에는 **관계성**이라는 **목적**이 있다는 것을 공공연히 나타내셨다.

바리새인에게 해 주신 예수님의 답변은 오늘날 우리에게 매우 중요하다. 왜냐하면 그런 맥락에서 성경을 읽고 이해해야 제대로 된 것이기 때문이다. 성경을 단순히 어떻게 믿고 어떻게 행동해야 할지 가르쳐 주는 책으로 보는 것 대신에, 예수님이 가르쳐 주신대로 성경 전체를 우리가 어떻게 사랑해야 하는지에 터 잡고 봐야 한다. 성경에서 교리와 행동에 관련한 진리를 빼낸다면 남는 것은 딱 이 두 마디 교훈뿐이다. **하나님을 사랑하고 서로 사랑하라**. 온 우주의 주재이신 주님이 우리에게 보이신 것은 **무엇을** 믿고 **어떻게 행동할지**, 이 두 가지 범주는 반드시 하나님과 이웃을 깊이 사랑하는 틀 속에서 이해하고 체험해야 한다는 것이다.[1]

성경은 하나님의 공유적 속성을 이런 식으로 계시한다. "사람이 자기의 친구와 이야기함 같이 여호와께서는 모세와 대면하여 말씀하시며"(출 33:11). 이렇게도 계시한다. "여호와는 질투라 이름하는 질투의 하나님임이니라"(출 34:14). 모세가 기록한 창세기의 첫 단어부터 요한이 기록한 계시록의 마지막 단어까지, 성경에는 우리와 친밀한 사귐을 갖고 싶어 하는 하나님의 사랑 넘치는 마음이 고스란히 배어있다. 하나님은 우리가 그분과의 교제에서 얻는 모든 유익으로 즐거워하기를 바라신다.

모세도 물론 이것을 이해했다. 그는 하나님께 간구했다. "내가 참으로 주의 목전에 은총을 입었사오면 원하건대 주의 길을 내게 보이사 내게 주를 알리시고"(출 33:13). 제자들은 예수님이 성부께 드리는 기도에서 매우 중요한 진리를 배웠다. "영생은 곧 유일하신 참 하나님과 그가 보내신 자 예수 그리스도를 아는 것이니이다"(요 17:3). 하나님은 호세아 선지자를 통해서 이렇게 말씀하셨다. "그러므로 우리가 여호와를 알자 힘써 여호와를 알자… 나는 인애를 원하고 제사를 원하지 아니하며 … 하나님을 아는 것을 원하노라"

(호 6:3, 6).

천지의 주재이신 전능한 하나님께서 상대와 사귐을 가지려고 자신을 비굴할 정도로 낮추어 "하나님을 아는 것을 원하노라"고 말씀하시니 그저 감읍할 뿐이다. 이런 대경실색케 하는 사실에 어안이 벙벙하여 이렇게 말할 수 있다. "그 무한하고 모든 것에 풍족한 하나님이 시간과 공간과 인물과 그 외 다른 것에 제한이 없으면서 무엇이 아쉬워서 우리에게 자기를 제발 알아달라고 간원하는지 믿지 못하겠어요." 그래서 더더욱 놀라운 것이다. 무한하신 하나님이 인간 같다니 말이다. 그분의 그런 인격적인 면모 때문에, 우리는 믿음과 순종으로 그분을 사랑하고, 그분을 예배하고, 그분을 즐거워할 수 있다. 그분은 인격적이기에, 우리를 사랑하고, 우리를 기뻐하고, 우리를 위로하며 우리에게 그분 자신과 그분의 길을 밝히 드러내 보이신다.

하나님은 단순히 순종만 원하는 깐깐한 감독이 아니다. 바른 생각과 행동을 위해 성경을 통해 주시는 그분의 교훈은 우리의 유익을 위한 것이다. 그분은 우리가 그분의 방법대로 인생을 살 때, 즐겁고, 만족하며, 의미 있는 삶을 영위할 수 있다는 것을 아신다.

하나님의 율법과 교훈은 무엇이 옳고 그른지 우리에게 그 경계를 알려준다. 그 경계를 넘지 않고 살면 꺼릴 것이 없다. 안전하며 최선의 유익을 구가한다. 모세는 이스라엘 민족에게 "내가 오늘 네 행복을 위하여 네게 명하는 여호와의 명령과 규례를 지킬 것이 아니냐"(신 10:13)고 말했다. 하나님의 말씀에 순종하는 것이 오래도록 최고로 행복한 삶을 사는 비결이다. 하나님의 말씀은 우리가 최적화된 인생길을 따라가도록 지도한다. 지혜자 솔로몬은 이렇게 말했다. "대저 그는 정의의 길을 보호하시며 그의 성도들의 길을 보전하려 하심이니라 그런즉 네가 공의와 정의와 정직 곧 모든 선한 길을 깨달을 것이라"(잠 2:8~9).

하나님의 말씀으로 우리를 교정하지 않으면, 우리는 잘못된 삶의 결과로 큰 고통을 겪어야 한다. 솔로몬은 "근신이 너를 지키며 명철이 너를 보호하여"(잠 2:11)라고 기술한다. 그러나 지혜의 진리를 따르려 하지 않는 사람은 어떻게 되는가? 솔로몬은 그런 사람들은 이렇게 된다고 말한다. "나의 교훈을 받지 아니하고 나의 모든 책망을 업신여겼음이니라 그러므로 자기 행위의 열매를 먹으며 자기 꾀에 배부르리라"(잠 1:30~31). 심지어 하나님의 훈계에도 관계성 목적이 있다. 우리가 내 방식을 고집하다가 당하는 고통에는 우리를 하나님께로 돌아오게 하려는 뜻이 있다. 그분은 우리가 그분의 보호와 공급의 우산 밑으로 되돌아오기를 원한다. 궁극적으로 그분이 우리에게 바라시는 것은 즐거운 인생살이다. "내가 이것을 너희에게 이름은 내 기쁨이 너희 안에 있어 너희 기쁨을 충만하게 하려 함이라"(요 15:11).

성경 : 그것은 모두 교제를 위한 것이다

성경은 무한하신 하나님이 거룩하고, 전능하고, 전지하지만, 사귐을 갖고 싶어 하는 분이라고 계시한다. 그분은 우리 각자와 교제하기를 고대하신다. 교제는 그분의 속성이다. 그것도 서로 매우 친밀하게 사귀는 그런 교제를 원한다. 하나님은 상대를 알고 싶어 하신다. 이것은 마치 하나님이 이렇게 말씀하시는 것이다. "네가 나에게 마음을 활짝 열고 나를 네 인생에 초대해 주면 좋겠어. 나는 너와 함께 알콩달콩 지내며 네 인생의 모든 면을 경험하고 싶어. 그리고 비록 전지한 나는 너에 대해 하나도 빠짐없이 다 알고 있긴 하지만, 네가 나에게 흉금을 터놓고 네 자신을 있는 그대로 다 보여주었으면 해. 거꾸로 나도 너에게 나 자신을 한 단계씩 다 보여줄게. 네가 나를 내 모습 그대로 알아줬으면 좋겠어." 이해하기 힘들겠지만, 우리와 사귐을 갖고 싶어 하는 무한하신 하나님은 우리에게 성령과 성경을 주셔서 우리가 하나님과 친밀한 교제를 나누는 가운데 그분을 알고 사랑하며 함께 지낼 수 있게 하셨다.

우리에게 자신을 기꺼이 내어 주신 하나님은, 우리가 마치 자식이 자원하여 사랑하는 아버지에게 하듯 우리 자신을 전폭적으로 그분께 드리길 바라신다. 바울이 디모데에게 써서 보낸 성경의 목적을 다시 한 번 생각해 보자. "모든 성경은 하나님의 감동으로 된 것으로 교훈과 책망과 바르게 함과 의로 교육하기에 유익하니"(딤후 3:16). 성경은 단순히 교훈

(바른 사상)과 책망과 바르게 함(옳은 행동)에만 유익한 것이 아니다. 그것은 또한 "의로 교육하기에", 다시 말해 우리가 사귐을 갖는 데에도 유익하다.

교육한다는 단어는 헬라어 **파이데이아**(paideis) – "기르다" – 를 번역한 것인데, 이는 가축을 사육하거나 부모가 자녀를 키우는 것을 뜻한다. 따라서 이 구절에서 하나님의 말씀은 우리를 **양육하기** 위해 기록한 것임을 알 수 있다.

그런데 어떻게? 어떻게 책에 적힌 글자가 우리를 양육할 수 있단 말인가? 양육이란 개인 대 개인의 상호 관계에서 이루어지는 것이 아닌가? 예수님은 하나님의 말씀이 어떻게 부모같이 우리를 양육할 수 있는지 설명하신다. "내가 아버지께 구하겠으니 그가 또 다른 보혜사를 너희에게 주사 영원토록 너희와 함께 있게 하리니 그는 진리의 영이라 세상은 능히 그를 받지 못하나니 이는 그를 보지도 못하고 알지도 못함이라 그러나 너희는 그를 아나니 그는 너희와 함께 거하심이요 또 너희 속에 계시겠음이라" (요 14:16~17). 하나님 아버지께서 우리를 지도하거나 양육하기 위하여 성령님을 보내셨다. 성령님이 우리에게 하나님 자신과 그분의 진리를 자기가 기록한 말씀으로 직접 알려주시므로 성경은 살아있다. 성령님은 하나님이 바라시는 우리의 됨됨이와 우리가 어떻게 사랑하며 살아야 하는지 이해할 수 있도록 도우신다.

성경 하나만으로 우리의 바른 삶과 신앙이 가능하다면서 어째서 성령님의 길러주심이 필요하다고 하는지 의아할 수 있다. 그러나 이런 식으로 생각해 보자. 정녕 자녀를 키운다는 것이 무엇인가? 우리가 그들에게 지시하고, 교훈하고, 명령하면 끝인가? 그런 것은 **행동 지침**에 불과하다. 그런다고 자녀들이 달라지지 않는다. 그것은 한마디로 말해서 자녀를 제대로 기르는 "양육"이 아니다. **자녀 양육**은 인간관계에서 비롯된다. 부모의 노고와 역할 수행으로 이뤄진다. 이것이 바로 하나님이 설계하신 방법이다. 그분은 자녀가 사랑 넘치는 관계 속에서 성장하기를 바라신다. 서로 **사귐**이 없다면, 인격적인 사랑과 돌봄이 빠진 상태이기에, 제아무리 바른 신앙과 옳은 행동을 심어주려고 애써본댔자 아무런 소용이 없다. 내가 자주 말하지만, 사귐이 없는 진리는 거절을 낳는다. 교제가 없는 훈육이나 교정은 분노와 원한을 낳는다. 그러나 사랑 넘치는 사귐이 있는 분위기에서는 진리에 대해 사람들이 거의 항상 긍정적으로 반응한다.

성령님은 마치 사랑 많은 부모처럼 성경으로 우리를 대하신다. 그러므로 **우리는 성경의 교훈으로 지혜를 얻고**(잠 3:5), **성경의 울타리 안에서 안전하며**(출 20장), **말씀의 경고를 달게 받고**(엡 4:17~22), **성경의 훈계로 책망을 받는다**(빌 2:3~4). 우리는 바른 신앙을 가지려고 하나님의 말씀을 공부한다. 옳은 행동을 하려고 하나님의 말씀에 순종도 한다. 그러나 우리는 그 이유를 잊지 말아야 한다. 성경을 주신 하나님은 관계를 중요시하여 우리가 그분의 사랑과 우리 주변 사람의 사랑을 경험하길 원하신다. 하나님이 우리에게 성경을 주신 이유는 궁극적으로 우리와 친밀한 사랑의 관계를 맺고자 하심이며, 우리도 다른 사람과 다정다감한 사랑의 교제를 즐겁게 나누게 하려 하심이고, 그런 사귐이 영원까지 이어지기를 바라시기 때문이다.

성경의 목적이 관계성에 있다는 것은 상당히 현실성 있는 본질이며 놀라운 진리이다. 즉 하나님은 **당신이 그분과 친밀한 사귐을 갖기 바라신다**. 잠깐 이 진리를 차분하게 생각해 보자. 예수께서 성령님을 통하여 당신에게 매우 친절한 어조로 직접 말씀하신다고 상상해 보라. 그분은 당신이 그분과 스스럼없이 지내기를 바라신다. 그분을 사랑하고 다른 사람도 사랑하는 당신을 그분께서 채워주고, 온전케 하고, 기쁘게 해 주고 싶어 하신다. 이것을 위하여 그분이 당신에게 그분의 영도 그분의 말씀도 주신 것이다. 그분이 당신과 나에게 하신 말씀을 읽어 보라.

"너희가 성경에서 영생을 얻는 줄 생각하고 성경을 연구하거니와 이 성경이 곧 내게 대하여 증언하는 것이니라"(요 5:39).

"내가 온 것은 … 생명을 얻게 하고 더 풍성히 얻게 하려는 것이라"(요 10:10).

"내가 이것을 너희에게 이름은 내 기쁨이 너희 안에 있어 너희 기쁨을 충만하게 하려함이라 내 계명은 곧 내가 너희를 사랑한 것 같이 너희도 서로 사랑하라 하는 이것이니라"(요 15:11~12).

"아버지여, 아버지께서 내 안에, 내가 아버지 안에 있는 것 같이 그들도 다 하나가 되어 우리 안에 있게 하사 세상으로 아버지께서 나를 보내신 것을 믿게 하옵소서"(요 17:21).

예수님이 하신 이 말씀들로 나는 성경을 전혀 다른 방식으로 생각하게 되었다. 이 말씀들로 나는 교리적 진리를 바라보는 방식을 변경했고 성경의 계명에 순종해야 하는 새로운 이유가 생겼다. 기독 청년으로서 나는 성경을 읽고 연구했다. 처음에 나는 내가 믿어야 할 것이 무엇이며 내가 살아야 할 삶의 방식이 어떤 것인지 이해하려고 그렇게 했다. 그러나 세월이 흐르면서, 나를 지도하던 분들이 왜 내가 믿어야 하며 행동해야 하는지 그 이면을 볼 수 있도록 도와주었다. 하나님의 마음 – 나의 삶을 위한 그분의 동기, 계획, 목적 – 을 깨닫기 시작하면서, 모든 것이 달라졌다. 나의 인간관계에도 변화가 생겼다. 나는 어떻게 해야 사귐이 점점 더 깊어지는지 배웠다. 세상을 사는 목적과 의미에 나의 오감이 집중됐다. 나는 나의 우선순위를 재조정했다. 인생은 하나의 모험이 되었다. 내가 세운 인생의 계획과 목표는 늘 새로웠고 반드시 지켜 달성할 수 있었다. 이렇게 된 것은 내가 하나님 말씀의 진정한 목적을 붙들었기 때문이다.

나의 우선순위를 재조정함으로 특히 아내나 아이들과의 관계가 무척 깊어졌다. 이는 하나님 말씀의 관계적 목적을 이해했기 때문이

다. 거듭해서 데이비드 퍼거슨의 책과 그의 개인적인 가르침이 나에게 이런 멋진 여행에 도움을 준다.[2]

도티가 남의 자식을 생각 없이 비난한 자모에게 상처를 받았던 날, 내가 했던 행동과 말로 돌아가 보겠다. 내 아내가 바르게 생각하고 **행동할** 필요가 있던 것은 맞다. 그리고 그녀에게 지침이 될 만한 성경 구절은 무척 많다. 하지만 그런 특별한 순간에 그녀에게 필요했던 것은 하나님과 그리고 남편인 나 사이에 형성된 사랑의 관계 속에서 하나님의 말씀을 경험하는 것이다.

도티는 크게 상처를 받은 상태라서, 나는 그녀에게 "모든 위로의 하나님이시며 우리의 모든 환난 중에서 우리를 위로하사"(고후 1:3~4)라는 말씀이 필요하다는 것을 알았다. 그런 때에는 하나님이 기필코 공의로 심판한다든지 그녀에게 무례를 범한 사람에게 그런데도 인내와 친절을 베풀어야 한다는 식의 성경 구절이 귀에 들어올 리 없다. 그녀에게 필요했던 것은 남편이 **그녀와 함께** 로마서 12장 15절의 후반부에 있는 말씀을 그대로 실천하는 일이다. "우는 자들과 함께 울라."

따라서 말씀을 분출하는 대신에, 나는 단순히 내 팔로 그녀를 감싸 안았고 이렇게 말했다. "여보, 당신 혼자서 그런 험한 말을 듣게 해서 내가 미안해. 당신이 아파하니 나도 아파."

그것은 신학도 아니고, "이것을 하라" 또는 "저것을 하라"도 아니었다. 잘못된 것을 바로 잡겠다고 나설 일도 아니었다. 다만 내 사랑하는 그녀의 아픔에 진심으로 공감을 표했을 뿐이다. 단순히 그것뿐이었다. 진정 그것이 전부였다. 도티는 **이해받고** 있다 느꼈고 **위로**가 되었다. 그 순간 그녀에게 필요했던 것은 그게 다였다. 불과 며칠이 안 지나서, 그녀는 내게 와서 우리 아이에 대해서 자기가 들었던 험담을 얘기해도 되냐고 물었다. 이제 성경으로 **바르게 생각**하고 **옳게 행동**할 수 있는 때가 된 것이다. 이처럼 관계 – 사랑 –가 우선이다.

수년간 여러 가지 인생 경험을 통해 하나님은 나에게 성경 진리를 연구해서 삶에 적용할 수 있게 하실 뿐 아니라, 하나님을 더욱더 친밀하게 사랑하고 또한 주변 사람들과 하나님의 진리를 함께 경험하면서 좀 더 깊게 그들을 사랑할 수 있게 하셨다. 나는 그저 하나님의 책에 적힌 심오한 진리대로 도티와 함께 말씀을 경험했을 뿐인데 그날 그녀는 사랑받고 있다고 느꼈다. 나도 또한 전보다 훨씬 깊은 사랑의 감정과 "모든 위로의 하나님"의 의미를 실감했다. 그분은 당신의 자녀가 성경 말씀의 진리를 관계 속에서 경험할 때 그들을 향해 미소 지으신다.

나는 지금도 꾸준히 하나님의 말씀의 학생이 되고자 힘쓴다. 나는 성경이 무엇을 말하며 그것이 무슨 의미인지 계속해서 알고 싶다. 사람들은 나에게 성경의 의미가 때로 불투명하니 101가지 방법으로 해석해도 모자란 듯하다고 말한다. 그것은 전혀 사실이 아니다. 당신은 성경의 의미를 얼마든지 이해할 수 있다. 성경의 모든 구절은 관계 속에서 그 의미를 찾아야 한다. 그 구절이 당신과 어떻게 관련이 있는지 알려면 이를테면 "암호를 알아야" 그 의미가 풀린다. 당신이 이 "해석용 암호"를 이해할 때, 비로소 성경이 살아있다는 것을 깨닫는다. 성경을 바르게 해석하기 위한 한 가지 방법이 있다. 다음 장에서, 나는 당신이 해석용 암호를 깰 수 있도록 돕고자 한다.

4장

성경 해석의
101가지 방법?

성경 해석의 101가지 방법?

　성경공부 모임에 앉아 있다고 상상해 보라. 조금 전 마크 조장이 갈라디아서에서 한 구절을 읽었다. "너희가 짐을 서로 지라 그리하여 그리스도의 법을 성취하라"(갈 6:2). 성경에서 눈을 뗀 그는 함께 모인 조원들의 얼굴을 하나씩 훑어본다. 당신 옆에 앉은 신디와 눈길을 마주치며 그는 "이 구절의 의미는 무엇인가요?"라고 묻는다.
　신앙 좋은 신디는 그 구절을 놓고 잠시 생각해 본다. 그녀가 입을 뗀다. "음, 내 생각에 이 구절이 내게 주는 의미는 누군가 문제가 생기면 그를 도와줘야 한다는 뜻 같아요." 마크는 고개를 끄덕이며

"아주 훌륭해요"라고 말한다.

신디 맞은편에 앉은 차드가 목소리를 높인다. "저기, 신디 자매, 내가 요즘 돈이 좀 궁해요. 오토바이를 새로 사야 하는데 한 300만 원쯤 있어야 해요. 100만 원 정도 도와주면 내 짐이 좀 가벼워질 것 같은데 어때요?" 조원들이 웃는다.

"농담이 아니라, 정말로 좋은 질문이네요"라며 마크가 재미있어하며 말한다. "그와 같이 돈이 필요할 때 우리는 서로 도와야 할까요?"

그런 다음 마크가 **당신**을 주시한다. "당신에게 이 구절은 어떤 의미인가요? 차드가 오토바이를 사는 것을 우리가 도와야 하나요?"

그리스도인들이 짐을 서로 진다는 것이 무슨 뜻이냐는 질문에서 곁길로 샜다는 것을 당신은 알아차리지 못했을 수 있다. 그 의미를 놓고 마크가 처음 했던 질문과 신디의 대답 사이에는 미묘한 차이가 있다. 마크는 "이 구절의 의미는 무엇인가"를 물었고 신디는 "이 구절이 **내게** 주는 의미는…"이라며 대답했다.

성경이 "나에게 주는 의미" 혹은 "당신에게 주는 의미"를 묻는 말에 오늘날 허다한 사람이 촉각을 곤두세우고 집중한다. 그러나 성경 해석을 하는 방법에 있어서 그것이야말로 흔히 저지르는 심각한 잘못이다. **하나님**이 의도하신 진리의 의미를 이해하기 위해 성경 본문을 살피기보다는 너무도 많은 사람이 그 진리가 **우리 자신**에게 어떤 의미인지부터 보려 한다. 결국 사람들은 성경 구절을 보는 족족 그릇되게 해석한다.

성경의 의미를 해석하려고 할 때 사람들이 기본적으로 범하는 두 가지 기본적인 잘못이 있다.

1. 그들은 성경 속에 자기 자신의 관점이나 감정을 주입한다.
2. 그들은 본문에서 문구, 단어, 또는 구절만 취택한다.

이런 오류가 있을 때, 우리는 하나님의 진리의 참된 의미와 메시지를 잘못 해석한다.

성경은 우리를 위해 기록된 것 아니던가?

솔직히 말해서, 성경 이해가 언제나 쉬운 것은 아니다. 총 66권이 크게 두 부분 – 구약과 신약 –으로 나뉘어 있고, 이삼천 년 전 사이에 다수의 기록자가 히브리어, 아람어, 헬라어의 세 가지 다른 언어로 기록한 책이다. 성경은 우리와는 엄청 다른 시대와 문화의 산물이다. 그래서 상당수 사람이 성경을 해석하면서 많은 혼동과 다툼을 일으키는 것을 이해할 수 있다.

그렇지만, 성경 권마다 그것을 기록한 의도가 다르다는 것을 이해하는 것이 매우 중요하다. 하나님은 우리가 그 각 권의 의미를 발견하기 원하신다. 그분은 성경 본문 속에 계시된 그분 자신과 그분의 진리를 밝히 깨달아 우리가 그분을 체험하기 – 그분을 알고 사랑하며, 그분의 방법으로 살고, 그분이 우리를 사랑하는 것처럼 우리도 주변 사람들을 사랑하기 –를 바라신다. 본질적으로, 우리의 과제는 성경의 본래 의미를 이해하기 위해 그 말씀을 해석하는 것이다.

그런데 우리 자신의 삶에 성경이 주는 의미를 해석하고 싶은 마음 못지않게, 성경 안에 담긴 그 어떤 내용도 21세기에 사는 우리에게 직접 전달된 말씀이거나 기록이 아니란 것을 명심해야 한다.

예수님이 말씀하셨던 제자들, 군중들, 다양한 개인들은 모두 1세기에 이스라엘이라는 나라에 살던 자들이다. 신약의 기자도 각각 특정 수신자를 염두에 두고 성경을 기록했다. 이 기자들이 멀리 이천 년 후를 내다보고 그들의 기록이 온 인류를 위해 권위를 인정받은 성경으로 출판될 것을 미리 알았을 리 만무하다.

그러나 비록 이 사람들이 오늘날의 세상과는 역사적으로 너무나 크게 동떨어진 환경에 살던 청중에게 글을 썼더라도, 그리고 심지어 성경 말씀이 21세기에 사는 **우리**에게 특화된 기록이 아니더라도 그것이 우리를 **위해** 기록되지 않았다는 의미는 아니다. 성경 기록자들이 특정한 수신자**에게** 글을 썼지만, 그들이 기록한 진리는 그런데도 오늘날의 우리를 **위한** 것이기도 하다.

하나님의 진리와 어떻게 그것을 우리의 삶에 적용해야 할는지 알려면, 두 가지 기본 단계를 거쳐야 한다. 첫째, 그 진리가 역사적으로 특별한 시대에 특정 청중을 위해 하나님이 의도하셨던 바라는 것을 깨달아야 한다. 둘째, 하나님이 지금 이 시대에 우리에게 밝히 드러내 보여주시는 우주적 진리가 무엇인지 결정해야 한다. 하나님의 진리의 말씀은 역사, 문화, 관습, 언어, 시대를 초월한다. 그러므로 그분의 말씀을 최초로 받았던 사람들에게 하나님이 무엇을 알리려 하셨는지 이해하려고 노력해야 오늘날 우리의 현실 생활에 그분이 바라시는 것이 무엇인지 제대로 알아낼 수 있다.

하나님의 말씀은 **살아있는** 기록이란 점을 잊지 말라. 바울은 그 기록들을 가리켜 "하나님의 감추어졌던 것"이라고 하면서 그 이유를 이렇게 말한다. "오직 하나님이 성령으로 이것을 우리에게 보이셨으니 성령은 모든 것 곧 하나님의 깊은 것까지도 통달하시느니라"(고전 2:7, 10).

바울은 성령께서 그에게 주신 말씀에 대하여 이렇게 말한다. "영적인 일[진리들]은 영적인 것[성령의 말씀]으로 분별[설명]하느니라"(고전 2:13). 성령께서 우리의 삶에 적용하고 싶어 하시는 것은 구약과 신약에 기록된 진리들이다. 이 진리들의 의미를 이해하려면, 우리는 이렇게 반응해야 한다. "하나님, 제가 읽고 들은 주님의 책, 말씀에서 제가 알아야 할 것이 무엇인가요? 이미 마음을 열어 놨어요. 저를 위해 주님이 계획하신 메시지를 발견할 수 있도록 도와주세요. 사랑하는 주님과 더욱 깊은 사귐을 갖고 싶어요."

하나님의 말씀을 이런 식으로 해석하는 것은 수천 년 전에 하나님이 계시하셨던 진리의 말씀을 푸는 것뿐만 아니라 오늘날 당신 자신의 삶에 계시하기를 원하시는 것들을 찾게 되는 흥미로운 과정이 된다.

해석의 암호를 깨다

성경해석의 암호를 깨려면 과정이 필요하다. 정확성을 기하기 위해, 우리는 반드시 해당 본문에 적혀 있거나 언급된 진짜 의미를 끄집어내야 한다. 우리의 과업은 의미를 **창조**하는 것이 아니다. 그것은 단순히 내포된 원래의 의미를 **발견**하는 것이다. 사도 베드로는 우리에게 이렇게 말한다. "성경의 모든 예언은 사사로이 풀 것이 아니니" (벧후 1:20). 우리가 **원하는** 바를 본문에서 **읽어내는** 것이 아니라, 하나님이 우리에게 알려주려고 의도하신 그 의미를 **끄집어내야** 한다. 이런 과정을 **주해**(exegesis)라고 한다.

주해는 헬라어로 **엑세게오마이**(exegeomai)인데, 이는 "알리다, 펼쳐서 가르치다, 적나라하게 드러내다"라는 뜻이다. 이 단어는 요한복음에서 사도가 예수님이 하신 일을 언급하면서 사용했다. "독생하신 하나님이 **나타내셨느니라**"(요 1:18, 강조를 더함). 새 미국 표준역(NASB)은 **엑세게오마이**를 이런 식으로 번역한다. "그분이 **설명하셨느니라**"(요 1:18).

성경 구절의 의미를 올바르게 **나타내**거나 **설명**하기 위해서, 우리는 각 구절을 주해하는 과정에서 마치 뉴스 취재 기자가 하듯 질문해야 한다. 누가? 무엇을? 어디에서? 언제? 왜? 그리고 어떻게?

여기 그 기본 과정이 있다.

1. 본문의 문법적 구조를 알아보기 위해 조사한다.
2. 각 단어의 의미 – 축어적, 상징적, 문화적, 기타 등등 –를 이해하려고 탐구한다.
3. 기록자의 신상, 문화적 배경, 시대상 등 역사적 정황을 알아본다.
4. 문맥에서 메시지를 얻기 위해 단락, 장, 권, 그리고 그 영적 진리가 포괄하는 범위를 살핀다.
5. 당시 최초의 수신자에게 적용되었던 시대를 초월하는 진리를 알아낸다.
6. 어떻게 그 시대를 초월하는 진리를 오늘날 우리에게 적용해야 할는지 파악한다.

이 과정을 찬찬히 따라야 해석의 암호를 깰 수 있다. 그런데 필시 그것을 **신중하게** 따라야 한다. 사도 바울은 우리에게 "진리의 말씀을 옳게 분별하…기를 힘쓰라"(딤후 2:15)고 말한다. 처음 흘낏 보면, 이것은 벅찬 도전으로 보일 수 있다. 그러나 이미 입증된 성경의 의미를 알아내기 위한 과정이므로 그리 어렵지 않다. 이 과정에 도움이 되는 가치 있는 연구와 참고 도구가 상당히 많다(그리고 뒤에서 그것들 가운데 몇 가지를 알려드리겠다). 하지만 지금은 해석 과정에서 두 가지 핵심 요소

- 의미의 결정과 문맥의 중요성 -만 살펴보고자 한다.

의미의 결정

언어는 물론 여러 단어로 구성된다. 단어는 개념을 쌓기 위한 집짓기 블록이다. 그리고 단어를 서로 모아 문장과 단원을 만들어, 우리는 그것을 소통의 기본 단위로 삼는다. 문학 작품을 만들 때도 마찬가지이다. 성경도 단어와 문장과 단원으로 하나님의 진리를 전달하므로 일종의 문학 작품이다.

그런데 이 언어 소통의 집짓기 블록을 어떻게 해석하느냐는 매우 중요하다. 왜냐하면 각 단어의 의미는 기록자의 의도에 따라 다양해지기 때문이다. 기자가 자신의 의도를 전달할 때 쓴 그만의 특별한 방식을 우리가 분석하고 이해해야 의미를 정할 수 있다. 이번에는 의미를 결정하기 위해 도움이 되는 두 요소 – **은유**와 **문법** –를 살펴보고자 한다.

은유. 은유는 단어나 문구를 자구대로 해석하면 안 된다. 은유는 널리 알려진 단어나 문구로 그와 유사한 다른 중요한 개념을 설명할 때 사용한다. 은유적 단어와 문구는 기자나 화자가 전하려는 사상에 영향을 미치거나 그것을 쉽게 해명하는 일종의 삽화이다.

성경은 종종 이런 목적으로 은유를 사용한다. 그 예로 예수님이 요한복음 6장 35절에서 하신 말씀을 들 수 있다. "나는 생명의 떡이니 내게 오는 자는 결코 주리지 아니할 터이요." 예수께서 자신을 가리켜 "생명의 떡[빵]"이라고 말씀하신 의미는 무엇인가? 그분은 자기가 밀가루를 물과 효모로 반죽하여 구워낸 빵이라고 알리신 것인가? 아니다. 상식을 가진 이성적인 사람이라면 그렇게 생각하지 않는다. 상식적으로 말해서 "생명의 떡"이란 문구는 자구대로 봐서는 안 된다. 그것은 은유이다. 자신이 생명의 떡[빵]이라는 언급은 마치 빵이 육체의 생명을 유지해 주는 것처럼, 예수께서 우리의 영생을 유지해 주시는 분이란 의미이다. 물론 이런 사례는 너무도 눈에 빤히 보이기에 문제가 별로 없다. 그러나 사람들이 성경의 은유를 자구대로 읽고 나서 억지 해석을 내놓는 충격적인 일이 끊이지 않는다. 정확한 해석의 가장 중요한 요소는 단연 상식의 적용이다.

비록 성경이 우리가 하나님과 교통 교제하는 진리의 말씀이긴 하나, 그것이 문학 작품의 형식을 취하고 있다는 것을 염두에 두어야 한다(그리고 그래야만 효과적으로 소통할 수 있다). 이는 여느 책처럼 성경에도 언어학적인 원칙이 똑같이 적용된다는 의미이다. 만일 우리가 성경에서 사용되는 언어가 특별하다거나 대단한 비밀이 감춰있는 것으로 여기지 않고 대신에 모든 문학 작품이 그렇듯이 일상에서 쓰는 용어라고 인정한다면 성경 구절을 훨씬 더 잘 이해할 수 있다. 이것이 성경의 모든 말씀이 모조리 **문학적**이라는 뜻은 아니다. 우리는 그것이 어떤 것은 은유, 직유, 비유로 되었다는 것을 인정해야 한다. 은유, 직유, 비유에 지나지 않는 것을 지나치게 생각하지 말아야 한다.

문법. 성경 본문을 해석하면서 우리는 반드시 은유뿐 아니라, 문법도 고려해야 한다. 문법은 문장에 등장하는 동사의 시제, 수식어, 주어, 술어, 목적어를 말한다. 이런 요소로 구와 절이 구성되며, 한 문장에 담긴 정확한 의미를 결정하는 중요한 역할을 한다.

예를 들어, 예수께서 "나는 생명의 떡이니"라고 하신 말씀에서 동사의 시제가 해석을 좌우한다. 동사의 시제 – 과거, 현재, 미래 – 는 문장의 의미를 이해하는데 있어서 기초 요소이다. 따라서 예수님은 자신이 생명의 떡이라고 언급하실 때 어떤 시제를 사용하셨는가?

예수님은 과거 시제로 "나는 생명의 떡이었다"라고 하지 않으셨다. 또는 미래시제로 "나는 생명의 떡이 **될 것이다**"라고 하지 않으셨다. 예수님은 **현재시제**로 "나는 생명의 떡이니"라고 하셨다. 현재시제를 사용하신 것은 그분이 변함없고, 항상 동일하며, 영원하신 그리스도라는 뜻이다.

이 똑같은 용어와 똑같은 시제를 예수께서 또 다른 구절에서 어떻게 사용하셨는지 심도 있게 살피는 이런 문법적인 연구를 통해 우리는 성경을 제대로 잘 이해하게 된다. 요한복음 8장 58절에서 예수님은 이렇게 말씀하신다. "진실로 진실로 너희에게 이르노니 아브라함이 나기 전부터 내가 있느니라[I AM] 하시니."

처음에 얼핏 보면, 미숙한 독자는 예수님이 이 짧은 문장에서 형편없는 문법 실력으로 동사시제를 헷갈리게 사용했다고 여길 수 있다. 그분은 이렇게 말씀해야 바르다고 여길 수 있다. "아브라함이 나기 전부터, 내가 있었다[이미 존재했다]." 그러나 이 본문에서 주님은 현재 시제를 사용하신다. 정확한 정보를 전달하려면 과거 시제를 써야하는데, 그렇게 하지 않아서 우리가 듣기에 거북할 수 있다.

내 설명을 들어보라.

출애굽기에서, 모세는 불타는 떨기나무에 계신 하나님을 우연히 만났고, 하나님은 그에게 바로를 설득하여 이스라엘 백성을 애굽에서 내보내도록 하라는 사명을 주신다. 그때 모세는 하나님에게 이스라엘 백성이 자기를 보내신 분이 누구냐고 물을 때 어떻게 대답해야 하느냐고 묻는다. 그분이 이렇게 말씀하신다. "너는 이스라엘 자손에게 이같이 이르기를 스스로 있는 자[I AM]가 나를 너희에게 보내셨다 하라" (출 3:14). 예수께서 "스스로 있는 자"[I AM, 내가 있느니라]라는 똑같은 용어를 사용하여 그것을 그분 자신에게 적용하셨을 때, 그 말을 들은 자들은 그것이 얼마나 엄청난 뜻이 담긴 표현인지 놓칠 리 없었다. "내가 있느니라"라는 용어는 하나님이 친히 알려주신 하나님의 이름(여호와)으로서 그 당시 사람들이 아주 각별히 여겼기 때문에, 예수께서 그 똑같은 용어를 – 시제도 똑같이 현재로 하여 – 자신에게 적용하셨을 때, 사람들은 그분이 지금 자기를 영원하신 하나님과 하나라고 주장한다는 것을 분명하게 인지했다. 불신앙에 깊이 뿌리가 박힌 그들은 그 주장에 격노했고, 그것을 예수님을 대적하여 고발할 첫 빌미로 삼았다.

  그러나 예수님은 그야말로 **현재**에도 여전히 그 위대하신 "내가 있느니라"(I AM, 스스로 있는 자)이시다. 그분은 언제나 있는 하나님 – 항상 현재 시제로 살아 계시는 분 –으로서 우주의 영원한 유지자이고 우리 생명을 영원토록 지켜주는 분이다. 우리가 문학적 견지에서 성경의 문법적, 은유적 어법을 제대로 잘 이해하면, 우리가 읽는 성경의 참된 의미 –이 경우, 예수님의 영원성이란 속성과 하나님과의 동일성 –를 밝히 깨달아 아는데 도움이 된다.

문맥의 중요성

  내가 서너 명의 친구와 함께 이야기를 나누고 있는데 우연히 당신이 그 옆을 지나가고 있었다고 가정해 보자. 내가 하는 말이 당신 귀에 들린다. "아니, 난 다음 주에 도티를 멀리 보낼 거야. 그녀는 캘리포니아에서 머물기로 했어." 당신이 얘기를 거기까지만 듣고 어떤 친구에게 쪼르륵 달려가서 "조쉬와 도티 맥도웰 부부에게 최근 어떤 일이 있었는지 알아?"라고 말한다.

  "아니." 친구가 대꾸한다. "무슨 일이 생겼어?"

  "내가 방금 조쉬가 하는 소리를 들었는데 글쎄 다음 주에 그녀를 떠나보낸 데. 캘리포니아에 있는 그들의 집에 가 있기로 했데."

  충격을 받은 당신의 친구가 실망스러운 눈초리로 나를 흘겨본다.

"믿을 수가 없네요. 맨날 교제의 중요성을 설교 때마다 강조하던 사람이 자기가 전한 설교대로 안 살면 어떻게 해요. 부끄러운 줄 아세요!"

이런 상상 속 사건에서, 당신은 나에게 정확한 얘기를 들었어야 했다. 내가 왜 아내를 다음 주에 떠내 보내야 하는지, 그리고 왜 그녀가 캘리포니아의 집에 머물러야 하는지 말이다. 그러나 당신은 그 **정황**이 어떠한지 들어보지 않은 상태이다. 당신은 그 말의 전과 후를 다 들었어야 한다. 당신이 우연히 들었던 말의 정황을 제대로 파악한 다음에 상대방과 대화했어야 한다.

"언어 연구를 위해 남미로 여행 갈 날짜가 다가오고 있어 몹시 흥분되겠다." 내 친구가 말한다.

"그래. 그날이 정말로 기다려져" 내가 대꾸한다.

"이번 주말에 출발하는 것이 맞아? 도티도 함께 가?" 내 친구가 묻는다.

"아니, 난 다음 주에 도티를 멀리 보낼 거야. 그녀는 캘리포니아에서 머물기로 했어." 나는 침을 한번 꼴깍 삼키고 이어서 말한다. "삼 주간의 일정이라서, 그렇게 긴 시간 동안 내내 그녀 혼자 두기가 싫어."

내가 한 말 한마디를 당신이 정확하게 듣긴 했지만, 전체 대화의 내용에서 벗어난 상태에서는 내가 직접 한 말이라도 잘못 해석했다. 어떤 문장을 완전한 문맥(context) 속에서 읽지 않으면 그 대화나 글의 진정한 의미를 놓칠 수 있다는 것이 핵심이다.

문학적 문맥

어떤 구절을 문맥 속에서 해석한다는 것은 그 문장의 **직전**과 **직후**에 어떤 내용이 있는지 그 배경(setting)을 살피는 것이다. 만일 성경의 한 특정 구절을 **전체** 담론 속에서 살피지 않으면, 비록 연구는 해도 그 구절을 잘못 해석하게 될 위험이 크다. 어설프게 우리 자신의 인생 경험으로 성경을 들여다보면 오히려 그 과정이 복잡하게 꼬인다. 예를 들어, 이번 장을 시작하면서 예화로 들었던 갈라디아서 6장 2절의 경우를 보자. "짐을 서로 지라"는 사도 바울의 가르침을 실천하기 위하여 신디가 차드의 오토바이 대금을 대신 지급해 줄 책임이 있겠는가? 내가 처음 예수님을 믿었을 때를 생각하니, 이는 원래 나의 사례나 다름없다. 바울의 가르침에서 나는 과거에 내가 처했던 역기능적인 가정환경을 봤었다.

나는 술에 찌든 가정에서 성장했다. 정신 분석 의사들이 **구조자**(rescuer)라고 부르는 자로 나의 행동 양식이 계발되었다. 아버지가 엄마를 학대하는 것을 볼 때마다 나는 끼어들어서 그것을 막아보려고 했다. 이것이 오랜 세월 지속되다보니 나의 심리적, 감정적 경향으로 자리 잡았다. 항상 나는 상처받거나 생활고와 싸우는 자들을 구조하려고 노력했다.

그리스도인이 되었을 때도, 이런 치료되지 않은 행동 양식이 계속되었는데, 나는 그것이 병증인 줄 몰랐다. 누군가 상처받거나, 궁색한 처지가 눈에 띌 때마다, 나의 구조하려는 충동이 둥당거리며 나타났다. 그러나 나는 그것이 충동인 줄 몰랐다. 나는 그것을 동정심으로 생각했다. 나는 내가 그리스도와 닮은 사랑을 실천하는 것이라 여겼다. 나는 "너희가 짐을 서로 지라 그리하여 그리스도의 법을 성취하라" (갈 6:2)는 말씀을 읽을 때, 감성적으로 다른 사람이 진 짐을 대신 져서 그 사람의 문제를 해결해 줄 책임이 나에게 있다고 느꼈다. 따라서 만일 차드 같이 재정적인 "도움"이 필요한 사람을 만나면, 나는 그를 돕고 싶어서 안달복달했을 것이다. 내게는 "그리스도의 법"을 성취해야 하며 예수님처럼 행동해야 한다는 강박감이 있었다. 실제로는 나 스스로 자해했고, 내가 상대를 돕고 있다는 생각에 사람들에게 몹쓸 짓도 많이 했다. 이 모든 것은 내가 하나님의 사랑을 나의 역기능적인 "구조의 안경"을 통해 보았기 때문이다

나는 이 구절을 다른 사람을 도우라는 말씀으로 이해했다. 문제는 내가 갈라디아서 6장 2절을 문학적 문맥에서 읽지 않았다는데 있었다. 나는 서로 짐을 지라는 이 말씀이 상대방의 문제나 상처를 대신 책임지라는 교훈이 아니란 것을 나중에야 알았다. 특히 오토바이를 사고 싶어 했던 차드의 경우처럼 그가 **원하는 것**을 책임져야 한다는 뜻이 아니다. 대신에 그것은 사람들 옆에 가까이 다가가서 그들이 본인의 문제를 해결할 수 있게 친절하게 응원해 주라는 의미이다.

서로 짐을 지라는 것은 사람들의 문제를 대신 **책임지라**는 뜻이 아니다. 그것은 그들이 고통이나 곤경에 처했을 때 옆에서 위로하고, 격려하고, 지지하여 스스로 **책임질 수 있도록** 해주라는 의미이다.

그렇다. 갈라디아서 6장 2절은 우리에게 반드시 "서로 짐을 지라"고 말한다. 그러나 비록 내가 이 구절을 나의 역기능적인 "구조자의 안경"으로 읽었다 해도, 그 문장을 문학적 문맥에서 읽어 전후 구절을 잘 살폈다면 나는 그것을 올바르게 해석했을 것이다. 2절을 이해하는 정확한 방법이 5절에 분명하게 명시되어 있다. "각각 자기의 짐을 질 것이라." 어떻게 문맥 속에서 이 구절을 풀어야 하는지 논의하기 전에, 두 가지 단어의 정의를 다룰 필요가 있다.

2절에도 **짐**(burden)이 나오고 5절에도 **짐**(load)이 나온다. 이 두 가지 종류의 짐은 아주 다른 중요한 개념이다. 헬라어로 2절의 짐은 **바로스**(baros)인데, 이는 무거운 무게란 점이 강조되는 단어이다. 예수님은 이 단어를 포도원에서 "종일 수고[baros]하며 더위를 견딘"(마 20:12) 일꾼들을 언급할 때 사용했다. 이것은 짊어지기에 너무도 무거운 짐이라는 뜻이다.

우리가 그런 무거운 짐을 지고 허덕이는 상황에 직면했을 때, 누군가 다른 사람이 갈라디아서 6장 2절대로 행동하여 곤란 중에 빠진 우리 곁에 함께 있어 주는 것을 하나님이 기뻐하신다는 뜻이다. 어떤 사람이 어깨에 무거운 철재를 짊어지고 옮기는 장면을 상상해 보라. 두 명의 친구가 그에게 가까이 다가오더니, 그 철재 양쪽 끝을 자기들 어깨 위에 떠받쳐 그의 짐을 가볍게 해 준다. 이런 그림이 바로 그 말씀의 뜻이다. 우리가 다쳤거나, 병들거나, 실직하거나, 사랑하는 사람과 사별하여 그 무거운 짐에 허덕일 때, 다른 사람의 관심과 위로와 격려와 응원이 필요하다. 우리 몫의 무거운 짐을 우리가 들 때 누군가의 도움이 필요하다.

5절에서 바울은 "각각 자기의 짐을 질 것이라"고 말하면서 다른 종류의 "짐"이라는 단어를 사용한다. 여기에서 "짐"이라고 번역한 단어는 헬라어로는 가벼운 짐을 뜻하는 **포르티온**(phortion)인데, 1세기에 군인이 야전에서 개인용품을 넣어서 매고 다니던 배낭을 뜻한다. 5절을 좀 더 정확하게 풀어서 번역하면 이렇다. "각각 자기의 행동에 책임을 지라." 이와 똑같은 바울의 교훈이 로마서 14장 12절에도 나온다. "우리 각 사람이 자기 일을 하나님께 직고하리라."

우리 모두에게는 져야할 개인적인 책임이 있다. 우리는 자기의 책임을 – 가난한 자를 판단하거나 잘못된 선택을 하거나 몸가짐을 악하게 함부로 하여 – 다하지 못했을 때, 또 다른 사람이 우리를 대신하여 그것을 해 줄 것을 기대하지 말고 개인적으로 그 결과를 받아들여야 한다. 구조의 충동을 가진 어떤 사람이 본능에 끌려 개입함으로 우리의 무책임한 행동에서 비롯된 결과를 대신 짊어진다면 우리는 가치 있는 배움 – 우리가 지속해서 성장하고 성숙해질 수 있는 극히 중요한 배움 –의 기회를 송두리째 빼앗기게 된다.

내가 이렇게 하나님의 말씀을 제대로 해석하여서 얻는 유익을 나는 가히 말로 다 표현할 수 없다. 갈라디아서 6장 2절 말씀에 순종하는 것이 다른 사람의 책임을 대신 지는 것이 아니라는 것을 깨달았을 때, 나는 다른 사람 – 특히 상처받은 사람들 –에 **대한** 중압감에서 해방되었다. 그 뒤로 나는 하나님의 긍휼 어린 격려와 위로와 응원이 나를 통해 다른 사람에게로 흘러갈 기회를 모색하기 시작했다.

지금 우리가 살펴본 대로, 주어진 본문에서 정확한 의미를 끄집어 내려면, 반드시 그 본문을 문학적 문맥 안에서 봐야 한다. 왜 내가 갈라디아서 6장 2절을 잘못 해석했는가? 나는 "짐을 서로 지라"는 문구를 잘못 읽었기 때문이 아니다. 그 말씀의 자연스러운 문맥에서 벗어나서 그 구절을 해석했기 때문이다. 내가 5절을 읽고 헬라어로 두 종류의 "짐"이라는 단어를 살펴보았을 때, "우리는 각자 자기 자신의 행동에 책임을 져야 한다"는 것을 알았고, 그런 제대로 된 문맥에서 2절 말씀을 바르게 이해할 수 있었다.

문맥을 떠나서 어떤 구절을 읽을 때, 우리는 본문에 **담긴** 의미를 다르게 읽게 될 위험에 놓인다. 학자들은 이것을 "자신의 사상을 개입시켜서 읽는다"(to read into)는 의미에서 **자의적 해석**(eisegesis)라고 부른다. 해석에서 가장 큰 잘못은 성경 본문에 들어 있지도 않은 의미를 개입시켜서 읽는 데서 생긴다. 그런 허다한 잘못을 피하려면 본문을 반드시 그 문학적 문맥 안에서 읽어야 한다.

그러나, 문맥 안에서 어떤 구절을 해석할 때, 앞뒤에 있는 몇 가지 구절만 가지고는 안 될 때가 종종 있다. 그럴 경우 그 장 전체 문맥에서 그 구절을 보거나 심지어 성경 전체를 봐야 할 필요가 있다. 그래서 필요한 것이 상호 참조이다.

상호 참조를 통해 문맥 살피기

상호 참조(cross-referencing, 관주)는 단순히 어떤 제목이나 단어를 놓고 성경 속을 이 구절 저 구절 뒤적거리며 찾아보면서 성경 전체에서 그 해당 주제가 어떤 의미로 쓰이는지 알아내는 과정이다. 상호 참조의 강점은 성경이 성경을 해석하도록 한다는 사실에 있다.

여러 가지 도구나 자료가 상호 참조를 하는데 유용하다. 다양한 번역본 성경, 특히 연구용 성경은 구절 별로 옆 칸에 별도로 관주를 달아 놨다. 어떤 성경은 부록에 성구 사전이 첨부되어서 상호 참조를 하는데 도움이 된다. 또 다른 유용한 도구는 관주 성경(대한성서공회)이나, 이 방면에 원조 격인 톰슨3 주석 성경 등이 있다. 어떤 상호 참조용 성경은 성경 전체를 주제별로 추적해 보기 쉽도록 여백에 공들여 관련 구절과 색인을 적어 놨다.

앞의 사례에서 현재 시제 용법으로 쓰인 "내가 있느니라"(I AM)라는 문구를 언급하면서, 모세와 불타는 떨기나무 이야기를 꺼냈다. 어떻게 "내가 있느니라"라는 말씀이 출애굽기 3장 14절에도 나오는 줄 알았을까? 연구용 성경 여백의 관주에 그 구절이 출애굽기에 나온다고 표시되어 있었다. 사실 내가 현재 사용하는 연구용 성경에는 요한복음에 한 번만 나온 "내가 있느니라"라는 문구와 연관된 성경 구절이 10개나 적혀있다. 예수께서 "나는 생명의 떡이니"라고 말씀하신 그 중요한 문맥에 달린 여러 연관 구절들을 쫓아다녔을 뿐이다.

요한복음 6장을 쭉 읽기만 해도, 그 장 전체 주제가 우리 생명의 유지자이신 예수님이란 것을 알 수 있다. 요한은 예수님의 말씀을 듣기 위해 무리가 몰려왔다는 이야기로 담론을 펼친다. 시간이 지나자, 사람들이 배고파지자, 예수께서 제자 빌립에게 물으신다. "우리가 어디서 떡을 사서 이 사람들을 먹이겠느냐"(요 6:5). 빌립이 대답한다. "우리가 여러 달을 일한다 해도, 그들을 먹이기에는 돈이 부족합니다!" 예수님이 보리떡 다섯 개와 물고기 두 마리로 오천 명 이상을 배불리 먹게 하는 기적을 행하신다.

문맥상 이런 기적과 또 하나의 기적 – 예수께서 물위로 걸으신 – 에서 "나는 생명의 떡이니"라고 말씀하신다. 이 기적들을 본 허다한 무리가 잘못된 이유로 예수님을 따랐다. 그분이 해주신 말씀이다. "진실로 진실로 너희에게 이르노니 너희가 나를 찾는 것은 표적을 본[이해한] 까닭이 아니요 떡을 먹고 배부른 까닭이로다"(요 6:26).

예수님이 허기진 사람을 만나 그들의 주린 배를 채워주셨지만, 그분이 원하셨던 것은 단순히 그들의 배고픔을 해소하려는 목적이 아니었다는 것을 밝히셨다. "썩을 양식을 위하여 일하지 말고"라고 말씀하셨다. "영생하도록 있는 양식을 위하여 하라 이 양식은 인자가 너희에게 주리니… 나는 하늘에서 내려온 살아 있는 떡이니 사람이 이 떡을 먹으면 영생하리라"(27, 51절).

예수께서 자신이 곧 생명의 떡이라고 하신 이 너무나 소중한 말씀도 이를 둘러싸고 있는 다른 여러 구절을 통해 문맥 속에서 읽지 않으면 그 뜻을 정확하게 해석할 수 없다. 이런 것을 가리켜 성경이 성경을 해석하도록 해야 한다고 말하는 것이다. 성령님은 그분의 진리의 말씀을 우리에게 개인적으로 밝히 드러내 보여 주셔서 그 말씀을 최초로 들은 청중처럼 우리가 제대로 유의미하게 이해하기를 바라신다. 우리가 그렇게 할 수 있는 한 가지 방법은 성경 자체의 문학적 문맥 속에서 성경을 읽는 것이다.

역사적 문맥

성경은 역사적으로 다양한 시대에 기록되었다. 성경 각 권마다 그것을 쓰게 된 고유한 정황이 있다. 현대와는 너무나 다른 생활 규범과 통신 수단, 그리고 상호 이해를 위한 다양한 태도와 방식이 그것도 여러 시대에 걸쳐 분포되어 있다. 시대별 환경, 생활양식, 정치제도는 최초의 수신자들을 위해 그 시대에 맞게 기록한 성경 구절들을 이해하는데 영향을 미친다. 그러므로 성경의 의미를 설명하거나 밝히 드러내기 위해서, 당시의 문화적 정황에서 해당 본문을 봐야 한다. "나는 생명의 떡이니"라는 예수님의 말씀을 그 시대의 문화적 정황에서 살펴보도록 하자. 그 역사적 배경에서 우리는 이 구절을 어떻게 해석해야 하는가?

역사적으로 당시 1세기의 이스라엘은 로마의 식민지였다. 그때에 떡[빵]은 밥이었다. 오늘날처럼 먹을거리가 풍성하지 않았다. 지금이야 고기, 수프, 샐러드 등 반찬을 곁들여 밥을 먹는다. 그 당시에는 빵이 주식이었다. 그러므로 예수님이 빵이란 은유를 사용하셨을 때, 청중은 그분이 영생을 유지하는데 꼭 필요한 분이란 점을 크게 각성했을 것이다. 빵이 없으면 육체적으로 죽임을 당해야 하듯, 사람에게 예수님이 없으면 영적으로 죽는다.

성경을 읽을 때, 우리는 대략 B.C. 1,400년에서 A.D. 100년까지 1,500년이나 틈이 벌어진 역사적 과거 속으로 들어간다. 그 시간의 틀 안에서 변화무쌍하고 특별한 문화, 정치, 사회를 만난다. 특정 본문이 기록된 역사적 배경을 이해할 때, 하나님이 원래의 수신자와 청중에게 말씀하신 내용과 그 이유를 훨씬 더 잘 이해할 수 있다. 그렇게 되면 하나님의 우주적 진리를 21세기의 삶의 현실에 적용할 수 있다.

성경이 우리 삶에 유의미하다는 것을 경험하기 위해서 제일 먼저 밟아야 할 단계는 성경 해석 방법을 익히는 것이다. 다음으로, 어떻게 이 오래된 유물인 성경이 매일의 일상에 유의미하다는 것인지 탐구해 보자.

5장

성경이 개인에게
의미 있는 이유

성경이 개인에게 의미 있는 이유

정신없이 바쁜 아침이었다. 중요한 회의가 어제 밤늦게까지 이어졌다. 아침 식사 도중, 이미 꽉 찬 하루인데 도티가 빼곡하게 일정이 적힌 일과표를 하나 내놓는다. 나는 그 순간을 모면하려고 마지못해 "오케이", "그렇게 할게", "응, 좋아 보이네", "알았어, 한번 해볼게" 라는 식으로 수긍하는 척 했다. 그러나 도티는 그녀가 해야 할 일들을 내가 듣는 둥 마는 둥 별로 관심을 보이지 않자 금방 알아차렸다. 짜증이 난 그녀는 바가지를 긁어댔다.

내가 정신이 나갔었나 보다. 아이들이 보는 앞에서, 도티와 다퉜다. 결국 나는 폭발했다. 도티가 일정을 적어놓은 폴더를 탁자 위에 내 던지며 말했다. "이 자리에 더는 못 있겠어." 문을 박차고 나와 급히 차를 몰았다.

1.5km도 못 간 도로에서 내가 얼빠진 짓을 했다는 것을 알았다. TV 토크쇼 닥터 필에 출연한 누군가처럼 나도 뭣도 모르고 허튼짓을 한 셈이다. 스스로 분노 조절하기를 다룬 책이라면 그다음 단계에서 내가 할 일이 무엇인지 적혀있을지도 모른다. 하지만 성경은? 성경같이 케케묵은 고대의 책이 한 남편의 분노로 벌어진 사건에 도움이 될 수 있을까? 혹은, 이런 경우 말고도, 인생에서 겪는 결혼, 자녀 양육, 재정, 감정, 인간관계의 문제에 성경이 도움이 될까?

우리가 이미 다루었던바, 성경은 수천 년 전에 우리와는 판이한 문화권에서 기록하였다. 하지만 그것의 저자는 관계를 중시하는 하나님이시며, 성령님은 오늘날에도 살았고 활력 있게 하나님의 진리가 밝히 드러나게 하시므로, 성경은 우리 삶의 모든 영역에 얼마든지 적용 가능하다. 우리가 그것을 확신할 수 있는 것은 세 가지 기본적인 이유에서다. 성경이 계시하는 우주적 진리는 정확한 세계관을 제공한다. 성경은 어떻게 의미 있게 살 수 있는지 알려준다. 성경은 우리의 필요를 채워준다. 성경의 이러한 측면을 하나씩 탐구해 보자.

성경이 계시하는 우주적 진리는 정확한 세계관을 제공하기에 우리 삶에 의미가 있다

우리는 모두 하나님, 우리 자신, 타인, 그리고 인생사 전반에 걸쳐 확실해야만 믿는다. 우리는 그런 만사를 과거와 현재의 경험이라는 안경을 쓰고 해석한다. 그것은 우리가 세상을 어떻게 보느냐는 본질의 문제이다. 이런 세계관은 인생과 우리 주변 세계를 구성하는 참된 기초가 무엇이라고 추정하는지에 따라 달라진다.

사람은 그것이 무엇인지 알든 모르든 저마다의 세계관을 가진다. 왜냐하면 우리가 생각하고 행동하는 모든 것은 인생이 어떻다는 각자의 추정을 통하여 여과된 것이기 때문이다. 대다수 사람은 각자의 추정을 다원설, 계몽철학, 동양종교, 유물론, 포스트모더니즘과 같은 다양한 원천에서 얻는다. 여기에서 나는 대담한 진술을 하고 싶다. 이러한 여러 철학이나 종교는 그 어떤 것도 서로 완벽하게 잘 맞거나 크게 벌어져 있는 구멍을 메우는 세계관을 제공하지 못한다. 그것들 가운데 아무것도 우리의 실제 경험에서 발견한 세상을 설명하지 못한다. 사실상 우리가 경험한 세상을 근원부터 완전하고 만족스럽게 설명하는 세계관은 오직 하나뿐이다. 그것은 성경이다.

창조, 에덴동산, 대홍수, 아브라함, 이스라엘 자손, 기타 등등 구약의 이야기는 너무 오래되어 오늘날과 관련이 없어 보일 수 있다. 예수님의 생애, 죽음, 그리고 부활을 가끔 성탄절, 성 금요일, 부활

절에나 기념하는 현실에서 멀리 동떨어진 사건처럼 취급할 수 있다. 그러나 성경은 아주 먼 과거의 케케묵은 인간 행동의 규칙을 겉핥기식으로 적어 놓아 쳐다볼 필요도 없는 이야기책이 전혀, 전혀 아니다. 성경은 일종의 이야기 – 매우 큰 이야기, 모든 것을 포괄하는 이야기 – 책이다. 그 모든 담론은 서로 궁극적으로 연결되어 있고, 각각에 전 우주를 뛰어넘는 의미가 담겼다. 이런 장대한 서사시적인 이야기 안에서, 우리는 인간과 관련한 특별한 이야기 – 어떻게 그리고 왜 우리가 창조되었는지, 우리는 어떻게 실수했는지, 그리고 우리를 그분의 원래 목적으로 회복하기 위한 하나님의 구원 계획은 무엇인지 –를 발견한다.

성경에 아주 생생하게 그려 있는 이런 큰 그림을 보는 것은 우리에게 큰 도움이 된다. 그로 말미암아 하나님이 기록해 놓은 이야기 속에서 우리가 어디에 있는지 훨씬 더 잘 알 수 있다. 성경이라는 큰 그림을 다음과 같이 요점 정리할 수 있다.

창조. 성경적 세계관은 만물 – 시간, 에너지, 우주, 물질, 생명, 인간 –의 기원을 우리에게 말한다.

악. 악은 악한 존재가 인간을 유혹하여 하나님을 거역하게 함으로 우리 세상에 들어왔다. 그로 말미암아 인간은 영원한 생명의 근원에서 단절되었고, 하나님의 완전한 세계에 고통과 죽음이 가해졌다.

구원. 하나님께서 인간으로 성육신하여 땅에 오셨다. 그분은 악의

굴레에서 인간을 구속하여 자기의 피조물을 되찾기 위해 죄의 값을 치루셨다.

새 생명. 하나님은 자신의 거룩한 영을 그리스도를 믿는 자에게 내주하게 하려고 보내셨다(그리고 지금도 계속된다). 성령님은 우리에게 죄를 대항할 능력을 주시고 하나님과 화목하게 지낼 수 있게 하신다.

회복. 성경적 세계관은 인간이 하나님의 원래 의도대로 궁극적으로 회복되어, 세계는 악이 제거되어 완전하게 되고, 사람은 무죄한 상태에서 영생에 들어간다고 단언한다.

성경의 이런 큰 그림을 봄으로써 우리는 하나님이 하시는 일이 무엇이며 어떻게 인류의 역사에서 우리가 제대로 된 삶을 살아야 하는지 포괄적인 관점을 가질 수 있다. 달리 말해, 그것은 매우 분명하게 인생을 사는 방법, 참된 진리를 터득하는 방법, 하나님이 바라시는 우리의 인간상, 그리고 범사에 주님과 사귀며 지내는 방법을 밝히 보여주는 지극히 완벽한 세계관을 제시한다.

우리가 성경을 일종의 세계관 서적으로서 연구하고 읽을 때, 성경의 그 대단한 우주적 진리들을 우리의 일상생활에 밀접하게 접목할 수 있다. 그로써 하나님과의 관계에서 인간인 우리는 누구인지, 무엇이 선이고 무엇이 악인지, 어떻게 하나님의 방법이 인생의 신체적, 관계적, 사회적, 도덕적, 윤리적, 경제적, 환경적 문제를 해결하게 하는지 이해할 수 있다.

그날 불같이 화를 내며 집을 뛰쳐나왔던 나의 행동은 성경의 세계관과 상반된다. 성경의 학생으로서 나는 내 행동이 틀렸다는 것을 알았다. 차를 몰고 도로로 나온 나는 스스로 말했다. "맥도웰, 세상에 이것이 무슨 일이야? 집으로 돌아가서 아내에게 싹싹 빌어." 나는 차를 돌려 집으로 돌아가서 화냈던 것을 도티에게 손발이 다 닳도록 빌며 상처 준 것을 용서해 달라고 애원했다. 저녁식사를 하면서 아이들에게 아빠가 잘못하여 아침에 엄마에게 무례하게 굴었다고 시인하며 그들에게도 용서를 구했다. 이는 자식들에게 도티와 내가 갈등을 어떻게 해소하는지 보여줄 기회이기도 했다.

성경에 어떤 우주적 진리가 그 순간 나에게 유의미했을까? 세 구절이 집중적으로 마음에 떠올랐다. 속에서 생각났던 첫 번째 구절은 에베소서 4장 26절이었다. "분을 내어도 죄를 짓지 말며 해가 지도록 분을 품지 말고." 도티에게 화를 내며 폭발한 순간, 나는 분에 못 이겨 휘둘리는 죄를 범한 것이다. 그러나 나는 그 구절의 두 번째 죄까지는 안 범했다. 그날이 가기 전에, 나는 아내에게 싹싹 빌기로 했다. 그리고 빌었다.

또 다른 두 가지 성경 진리가 그때 나에게 유의미했다. 솔로몬이 했던 말이다. "훈계를 저버리는 자에게는 궁핍과 수욕[관계의 결핍과 망신]이 이르거니와 경계를 받는 자는 존영을 받느니라"(잠 13:18). 그는 또한 이렇게 기술한다. "자기의 죄를 숨기는 자는 형통하지 못하나 죄를 자복하고 버리는 자는 불쌍히 여김을 받으리라"(잠 28:13).

이들 성경의 우주적 진리를 순종함으로써 나의 부정적 감정 반응을 책임질 수 있었고 아내와의 갈등을 해소했다. 하나님의 세계관 책에는 우리 삶의 전 영역에 통하는 그런 진리와 지침 수백 가지가 등재되어 있다. 하나님의 말씀은 개인에게 유의미하다.

성경은 어떻게 살아야 하는지 알려주므로 우리 삶에 의미가 있다

수많은 사람이 성경을 따라야 할 규칙과 지켜야 할 율법과 준수해야 할 계율이 적힌 책쯤으로 안다. 이런 식으로 성경을 보면 그것에 실린 율법과 계율과 계명 너머에 있는 요점을 놓친다. 실제로 성경의 모든 지침에서 하나님의 방법과 그분이 어떻게 행하는지 볼 수 있다. 그분의 방법대로 살면, 그것이 하나님의 형상으로 창조된 인간을 위해 애초에 설계한 생활 방식대로 사는 것이므로 참된 기쁨을 맛볼 수 있다. 이는 태초부터 하나님이 목적한 바이다. 그분은 이렇게 말씀하셨다. "우리의 형상을 따라 우리의 모양대로 우리가 사람을 만들고 그들로… 땅에 기는 모든 것을 다스리게 하자… 하나님이 자기 형상 곧 하나님의 형상대로 사람을 창조하시되 남자와 여자를 창조하시고"(창 1:26~27).

성경은 우리에게 하나님을 가르쳐 준다. 그분은 경외해야 할 영원하신 분(사 40:28), 능력이 많으신 분(시 147:5), 천지에 충만하신 분(렘

23:23~24), 한결같으신 분(시 102:26~27), 시초부터 종말을 알리시는 분(사 46:9~10), 그리고 거룩 거룩 거룩하신 분(사 6:3)이다. 우리 인간은 하나님의 형상과 모양으로 창조되었지만, 그분의 형상처럼 무한한 존재는 아니다. 대신에 하나님의 형상과 모양으로 창조되었기에 우리에게 그분의 공유적 속성인 의지, 이성, 사랑, 창의력이 나타난다.

우리의 내면 깊숙이 하나님은 그분 자신의 모양에 속한 돋보이는 공유적 속성을 심어 주셔서 그것이 우리의 능력이 되게 해 놓으셨다. 그것이 바로 의지, 이성, 창의력, 사귐을 가지게 하는 사랑 등이다. 요한은 이렇게 말한다. "하나님은 사랑이시라 사랑 안에 거하는 자는 하나님 안에 거하고 하나님도 그의 안에 거하시느니라 이로써 사랑이 우리에게 온전히 이루어진 것은"(요일 4:16~17). 하나님은 우리에게 본능적으로 관계를 형성하려는 욕구를 주셨다. 그래서 우리는 타인을 애타게 사랑하기를 바라고 또한 타인에게 깊은 사랑을 충분히 받고 싶어 한다. 그렇게 함으로써 우리는 하나님의 형상으로 창조된 존재란 것을 더욱 깊이 절감한다.

관계적 존재인 우리는 사랑하고 사랑을 받아야 한다. 우리는 모두 타인이 우리가 누군지 보고 그 모습 그대로 사랑해 주기를 바란다. 우리도 타인을 그 모습 그대로 알기 원하며 나와 다름없는 동일한 인간으로서 상대를 사랑하고 싶어 한다. 우리는 타인을 알고 또한 타인에게 나를 알리기 위해 창조되었다. 우리는 사랑을 주고받는 가운데 하나님을 즐거워하고 사람 사이에서 서로 기뻐하도록 설계

되었다. 하나님의 책은 어떻게 우리가 인생에서 기쁨을 극대화할 수 있는지 그 방법을 가르쳐 주는 설명서이다.

많은 사람이 성경을 부정적으로 보려는 경향이 짙다. 2장에서 우리는 하나님의 말씀이 어떤 것을 피하라고 교훈할 때는 그것이 우리 자신에게 유익하기 때문이라고 그 본질을 다루었다. 그런데 성경의 모든 부정적인 계명은 하나님의 매우 강력한 두 가지 동기에서 비롯되었다는 것을 아는가? 하나님께서 **아니**라고 말씀하시는 경우, 그 모든 것은 우리에게 무엇인가를 **공급**하고 또한 우리를 **보호**하기 위해서이다.

하나님께서 이스라엘 자손에게 이렇게 말씀하셨다. "너희를 향한 나의 생각[계획]을 내가 아나니 평안이요[공급하심] 재앙이 아니니라[보호하심] 너희에게 미래와 희망을 주는 것이니라"(렘 29:11). 하나님이 때때마다 이스라엘에게 교훈을 주신 것은 그의 백성에게 공급하심과 보호하심을 베풀기 위함이었다. 그분은 우리에게도 공급하심과 보호하심을 베푸신다. 하나님의 심적 동기는 **사랑**이다. 그래서 그분은 우리가 넉넉한 가운데 행복하고 만족한 삶을 살기 원하신다. 하나님을 닮은 사랑을 성경에 근거하여 이런 식으로 정의할 수 있다. **사랑은 소중한 내 몸같이 타인을 안전하고, 행복하고, 편안하게 해주는 것이다.** 그런 것이 바로 공급해 주고 보호해 주는 종류의 사랑이다.

우리를 보호하는 하나님의 말씀 순종하기

45년도 더 된 시점에, S. I. 맥밀렌이라는 의사가「**모든 질병 중 그 어느 것도**」(None of These Diseases, 하늘정원 출판사)라는 제목의 흥미로운 책을 저술했다. 그는 현대 의학이 등장하기 훨씬 이전에 하나님이 이스라엘에게 주신 스무여 개가 넘는 명령을 가지고, 이질, 심장병, 자궁경부암, 관절염과 같은 질병을 어떻게 예방해야 하는지 명시했다. 맥밀렌 박사는 서문에서 이렇게 진술한다.

> 하나님이 이스라엘을 고통 받던 애굽에서 나오게 하셨을 때 약속하기를 그분의 계명을 순종하면 "모든 질병 중 하나도" 그들에게 내리지 않겠다고 했다. 하나님은 현대 의학이 흉내도 못 낼 정도로 질병에서의 해방을 장담하셨다.[1]

물론, 이것은 만일 우리가 항상 하나님의 말씀을 순종하면 절대로 병에 걸리지 않는다는 의미는 아니다. 하지만 하나님의 계명은 잘못된 선택의 결과를 막아 보호해 주는 우산 역할을 한다. 예를 들어 성적인 행동에 관련한 교훈을 놓고 보자. 성생활에서 하나님이 **아니라고** 하신 것에 우리는 긍정적으로 답해야 한다.

성경에 따르면, 일부일처의 혼인관계에서 벗어난 모든 성행위는 성적 문란이다(혼외정사와 혼전 성관계 등). 성경은 이렇게 말한다.

"음행을 멀리할지니라… 스스로 삼가면 잘되리라"(행 15:29).

"음행을 피하라"(고전 6:18).

"우리는… 음행하지 말자"(고전 10:8).

배우자에게 신의를 저버리지 않도록 성적으로 순결한 생활을 하라는 성경의 명령을 따를 때, 우리의 그런 순종은 마치 보호의 우산에 들어가는 것과 같다. 우리는 죄책감과 부끄러움, 예상 밖의 임신, 전염성 성병, 성적 불안감, 정신적 고통과 같은 것을 피하게 된다. 이런 유의 보호로 말미암아 혼인 관계에서 부부의 성생활이 확실히 향상된다.

도티와 나는 서로 만나 사귀기 시작했을 때, 양쪽 모두 성적으로 끌리기 전에 처음부터 결혼할 때까지 기다려주기로 함께 결정했다. 그런 서약은 또한 결혼 이후에도 계속 이어져 우리는 서로 성적으로 신의를 저버리지 않기로 했다. 그리고 우리는 그 서약을 지키고 있다. 우리 두 사람이 성에 관련한 하나님의 명령을 순종했기에, 우리는 성병, 죄의식, 혼전 임신으로 인한 심적 고통으로부터 보호를 받았다. 그 결과로서, 우리는 아기를 입양시키도록 내줘야 하는 가슴 찢어지게 아픈 시련이나, 준비도 안 된 상태에서 결혼식을 올리려고 발버둥 치는 일을 겪지 않아도 됐다.

우리는 과거의 성적 파트너와 비교될까 봐 생기는 성적 불안증, 혼전 성관계에서 비롯되는 정서장애, 그리고 외도의 빌미가 되는 배신감에서 보호를 받고 있다.[2]

부부가 기왕이면 성적 행동에 관련하여 하나님의 유의미한 교훈을 따름으로써 성의 아름다움과 즐거움을 경험하기 바란다. 하나님이 아니라고 말씀하시는 동기는 우리가 참으로 행복해지기를 바라서이다.

성경의 명령대로 살면 온갖 종류의 보호를 받을 수 있다. **성경은 도둑질이나 거짓말을 하지 말라고 말한다**(출 20:15~16). 사도 바울은 우리에게 "거짓을 버리고 각각 그 이웃과 더불어 참된 것을 말하라"(엡 4:25)라고 말한다. 정직하면 우리는 죄책, 수치, 습관성 속임수, 인간관계의 상실로부터 보호를 받는다.

성경은 긍휼히 여기라고 가르친다. 예수님은 "긍휼히 여기는 자는 복이 있나니 그들이 긍휼히 여김을 받을 것임이요"(마 5:7)라고 말씀하셨다. 우리는 준대로 받는다. **긍휼을 베풀면, 원한, 앙갚음, 용서받지 못함에서 보호를 받는다**(마 5:7, 6:14~15, 눅 6:38).

의롭고, 사랑을 보이고, 상태를 존중하고, 절제하라는 하나님의 교훈을 따르면, 우리는 허다한 죄의 결과로부터 보호를 받는다. 하나님께 순종한다고 고통이 없는 생활을 한다는 뜻은 아니다. 사실상 성경은 우리가 의를 행하면 때로 고난을 겪는다고 지적한다. 이는 단지 우리가 악이 횡행하는 세상에 살고 있기 때문이다. 하지만 그런 고난은 보상을 받는다. 현세의 삶에서 우리는 영적인 축복을 수확하며, 마침내 영원한 세상에서 하나님이 우리에게 보상하신다.

우리에게 많은 것을 공급해 주는 하나님의 말씀 순종하기

도티와 내가 결혼하기 전과 후에 하나님의 말씀을 성실하게 지킴으로 말미암아 우리는 위에서 내가 열거한 모든 문제에서 보호를 받고 있다. 부부간의 성생활도 성경대로 하며 지내다 보니 지금까지 우리 부부가 받아 누리는 긍정적인 축복은 이루 헤아릴 수 없이 많다. 우리 부부는 하나님과 끊임없이 교제하는 가운데 영적으로 여러 가지 보상을 받으며 산다. 혼인으로 맺어진 가족 관계 속에서 아이들을 키우며 최적화된 환경에서 즐겁게 보낸다. 신의를 지키며 사니 마음에 평화가 있고 서로 무엇을 하든 믿는다. 혼전 성관계로 생기는 정서 장애나 외도에 뒤따르는 배신감 대신에 우리는 돈독하게 형성된 신뢰를 바탕으로 즐겁게 교제하며 지낸다.

정직하게 사는 인생은 깨끗한 양심, 높은 성취감, 성실하다는 평판, 신뢰가 쌓이는 교제를 제공한다. 긍휼을 베풀면 타인으로부터 축복, 관용, 용서를 받는다. 모든 경우에, 우리가 하나님의 방법을 따르면, 우리는 유익한 것들을 수확한다. 시편 기자인 다윗은 하나님의 명령에 순종하는 것이 얼마나 유익한지 명확하게 밝힌다.

여호와의 율법은 완전하여

영혼을 소성시키며

여호와의 증거는 확실하여

우둔한 자를 지혜롭게 하며

여호와의 교훈은 정직하여

마음을 기쁘게 하고

여호와의 계명은 순결하여

눈을 밝게 하시도다

여호와를 경외하는 도는 정결하여

영원까지 이르고

여호와의 법도 진실하여

다 의로우니

금 곧 많은 순금보다 더 사모할 것이며

꿀과 송이꿀보다 더 달도다

또 주의 종이 이것으로 경고를 받고

이것을 지킴으로 상이 크니이다.

(시19:7~11, 강조를 더함)

우리는 하나님의 형상으로 지음을 받았으니 그분의 방법대로 살아야 한다. 우리가 성경에 적힌 그대로 그분의 방법대로 살 때, 우리는 그분의 애정 넘치는 보호와 공급하심 아래에서 즐겁게 인생을 살 수 있다. 하나님은 항상 개인에게 유의미하다.

성경은 적시에 필요를 채워주는 하나님의 말씀으로 삶에 의미가 있다

까맣게 잊고 있었다. 지붕널은 창고에서 반쯤 날아갔다. 집의 일부 창들은 깨졌다. 내가 어린 시절 살던 그곳에 온갖 종류의 잡초가 자라 무성했다.

제법 다 큰 네 명의 자식에게 한때 내가 집이라고 불렀던 48만㎡의 낙농장에 남아있는 폐가를 보여주었다. 1940년대 초에 그곳이 어떠했는지 아이들에게 이야기해 주고 싶었다.

황폐한 농가의 뒤 베란다를 가리키며 거기 앉아서 애들의 큰고모가 집에서 아이스크림을 어떻게 만드는지 쳐다봤던 이야기를 꺼냈다. 할머니가 미시간 주 전체에서 가장 맛있는 탄산음료를 만들었다는 것과 너희들 고모가 그것을 퍼다 주면 내가 그 탄산음료를 얼마나 좋아하며 벌컥벌컥 한숨에 다 마셨는지 설명했다.

그런 다음 아이들이 불안정하게 기울어져 가는 옥수수용 창고로 걸어갔다. 집에서 만든 아이스크림과 탄산음료 생각에 즐거웠던 마음이 갑자기 싹 가셨다. 그 기울어가는 낡은 헛간을 몇 발자국 앞두고 나는 갑자기 멈췄다. 햇볕에 검게 그을린 그 구조물을 보는 순간,

눈물이 북받쳐 오르더니 시야가 흐릿해졌다. 케케묵은 과거에 겪었던 창피하고 버림받았던 그 최악의 날이 떠올라 몸이 굳더니 꼼짝할 수 없었다.

당시에 나는 고작 11살이었다. 토요일 아침이었다. 우리 농장에 있는 작은 집을 새 장소 옮기는 것을 신기하게 쳐다보고 있었다. 오전에 인부들이 집을 잭으로 들어 올려 그 밑에 바퀴들을 깔아 놨다. 조금 있으면 트랙터들이 집을 도로 아래로 끌어 내릴 텐데 그것을 보려고 잔뜩 벼르고 있었다.

큰형 윌모트가 집과 농장의 절반을 자기에게 달라며 아버지를 상대로 소송을 건 상태였다. 나는 가족 간의 불화에 관여할 것도 없었고 그저 그 구경거리를 즐기려 했다.

내가 보기에 마을 전체가 그 광경을 보려고 다 모였던 것 같다. 트랙터들이 그 집에 가까이 접근하자마자, 늘 그랬듯이 술에 만취한 아버지가 윌모트 형에게 욕을 해대기 시작했다. 꼴사나운 광경이 벌어지자 이를 보다 못한 보안관이 나서서 사태를 수습하려고 아버지에게 다가갔다.

그러나 때가 너무 늦었다. 마을 사람 대부분이 윌모트 편을 들며 아버지에게 마치 합창이라도 하듯 폭언을 퍼부었다. 나의 급우들도 많이 왔었는데 이 모든 소동을 다 지켜보고 있었다. 나는 이 상황이 감당이 안 되었다. 옥수수용 창고를 향해 언덕 아래로 잽싸게 달렸다. 자존심도 상하고 창피했다. 그 창고 안으로 기어 올라가서 옥수

수 더미 속에 몸을 숨긴 채 거기에 엎어져서 크게 소리치며 울었다.

수 시간이 지났지만, 아무도 나를 찾으려 하지 않았다. 내가 사라진 것을 아는 사람이 한 명도 없었다. 나는 버림받았고 혼자라고 느꼈다. 그 날은 나의 소년기에 정말로 중요한 순간이었다. 그 순간부터 아버지를 향한 나의 미움은 단단히 굳어졌다. 나는 분노하는 청소년이 되었고, 그 깊은 분개가 그 후 오랜 세월 동안 나를 괴롭혔다.

그 낡은 헛간 앞에 서 있는 동안, 그 모든 장면이 감정의 홍수가 나에게 되살아났다. 다 자란 나의 자식들 바로 앞에서 그 고통이 야속하게도 다시 떠올랐다. 아이들은 뭔가 사달이 났다는 것을 눈치채고 이내 무슨 일이 벌어질지 몰라 바싹 긴장했다. 그 순간에 나는 대놓고 울었다.

아들과 세 딸이 나에게 다가와서 나를 자기들 팔로 감싸 안았다. 그들은 나와 함께 울면서, 내 머리와 두 어깨를 쓰다듬으며 연신 위로와 격려의 말을 해댔다. 마음을 진정시키고 나는 앉을 곳을 찾았다. 아이들은 내가 자기들 할아버지를 사랑해서 그러는 줄 알았나 보다. 비록 나는 단 한 번도 아버지를 사랑한 적이 없었지만 말이다.

그때 무슨 일이 있었을까? 나의 대견스러운 네 명의 아이들은 성경 말씀대로 신실하게 행동했다. 덕분에 그 순간 내게 필요했던 위로와 격려와 긍정을 하나님께서 나에게 채워 주셨다. 우리 아이들이 상대방의 쓸 것을 채워주라는 말씀대로 진실하게 긍정과 위로와 격려를 해 주었기에 "자비의 아버지시요 모든 위로의 하나님"(고후 1:3)께서 그 순간 그들을 통해 그들 아비에게 필요한 것을 채워주신 것이다.

우리는 모두 감정이나 관계에서 다소간 결핍된 상태이다. 우리에게는 **위로**(고후 1:3~4), **응원**(갈 6:2), **돌봄과 긍정**(고전 12:25), **격려**(히 10:24)가 필요하다. 하나님은 우리에게 결핍된 것들을 채워주기 위해, 성경을 통해 자기 백성들에게 필요를 채우는 일에 하나님의 동역자가 되라며 교훈하신다. 이러한 교훈이 신약에 최소한 35회 나온다.

내가 겪었던 것처럼, 우리에게 위로, 긍정, 또는 격려의 말이 필요할 때, 우리의 필요를 채워주는 하나님께서, 종종 전혀 모르는 사람을 통해서 그분의 필요를 채워주는 능력을 기꺼이 나타내신다. 하나님은 우리를 사랑하시는 보호자이며 공급자이다. 그분이 거기 계시며, 직간접적으로, 우리의 모든 필요를 적시에 채워주신다. 추가로 성경에 근거한 통찰이 더 필요하면 이번 장 미주 3번의 데이비드 퍼거슨의 저서에서 관련 자료를 얻을 수 있다.[3]

하나님은 당신에게 무슨 일이 생기면 돌보신다!

인생은 가끔 우리를 몹시 지치게 한다. 힘과 격려가 필요하거나 내가 사랑받고 있다는 것을 그냥 깨닫게만 해 주셔도 되려만 간혹 하나님이 무심하다는 막연한 생각에 시험이 들 때가 있다. 그러나 하나님은 항상 거기 계신다. 성경은 "너희 염려를 다 주께 맡기라 이는 그가 너희를 돌보심이라"(벧전 5:7)고 말한다. 하나님의 말씀은 확실하며, 살았고 활력이 있어, 능히 우리를 위해 거기 계신 하나님을 의지할 수 있다. 그분은 우리를 내려가게 두지 않으신다.

최근에, 하나님께서 나에게 강력한 방법으로 확실하게 응답해 주신 일이 있는데, 그로 말미암아 하나님이 우리 각자의 모든 것을 매우 다양한 방식으로 돌보신다는 사실을 간증할 수 있다. 무슨 일이 있었는지 배경부터 말하자면, 나는 목회자로서 사람들에게 기독교 신앙의 진리와 증거들을 가지고 50년 넘게 설교하고 있다. 내가 설교를 일 순위 사역으로 삼는 이유는 베드로전서의 한 구절이 항상 나에게서 떠나지 않기 때문이다.

> 만일 누가 말하려면 하나님의 말씀을 하는 것 같이 하고 누가 봉사하려면 하나님이 공급하시는 힘으로 하는 것 같이 하라 이는 범사에 예수 그리스도로 말미암아 하나님이 영광을 받으시게 하려 함이니(벧전 4:11).

나는 이제 인생 나이 75세를 지나고 있다. 이 나이에 과연 어떤 분이 "노년기"에도 불구하고 여전히 현역에 남아 있을까 의구심이 드는 것도 사실이다. 하지만 나의 좌우명은 내가 하는 일을 "온 세상이 듣기까지" 늘 지속하는데 있다. 나는 이 문구를 내가 사용하는 편지지 맨 끝에 적어 넣기 시작한지 30년이 넘는다. 나는 여전히 사역한다. 비록 아직은 하나님께서 내가 사역을 그만두는 것을 원치 않으시는 것 같지만, 고백하건대, 내가 얼마나 더 기력이 남아있으려는지, 내가 얼마나 오랫동안 그 일을 지속할 수 있으려는지 잘 모르겠다.

최근에 하나님께서 문제가 되던 사건을 해결해 주신 일이 있다. 그 덕분에 내가 수집한 고대 유물에서 발굴한 성경 사본 조각들을 예상보다 빨리 공개할 수 있었다. 그런데 어떻게 하나님께서 내가 그토록 원했던 확증을 안겨 주셨는지 그와 관련한 배경되는 이야기를 아직 하지 못했다.

나의 벗 스캇 캐롤 박사는 우리의 사역을 위해서 고대 유물을 찾아다니는 과업을 수행했다. 수개월에 걸친 연구와 수만㎞를 여행하면서 고대 구조물과 유적지를 샅샅이 훑고 다녔다. 결국 그는 나에게 소식을 전했다.

"조쉬, 백여 개의 유물을 살펴봤는데 내 믿기론 놀라운 걸 발견한 것 같아."

"더 얘기해 봐" 내가 대답했다.

"응, 장담은 못하겠는데" 그는 말을 이어갔다. "그런데 내가 발견한 몇 가지 유물은 연대가 A.D. 4~5세기쯤 돼 보여. 그것들이 출토된 지역을 둘러보았는데, 그 유물들 속에 성경이 적힌 파피루스들이 들어있을 개연성이 아주 커." 내 심장도 유물을 발견한 스캇만큼이

나 매우 빠르게 뛰기 시작했다. 나는 침을 꿀꺽 한번 삼키고 물었다. "그다음 단계는 무엇인데?"

"자네가 허락해 주면 내가 먼저 가서 그 임자를 만나 제안을 하려고 해. 내 생각인데, 가격 협상이 잘 되면 우리가 그것을 얻을 수 있을 거야."

나는 스캇에게 그것을 모두 사라고 말했다. 내 마음은 벌써 앞서 달리기 시작했다. 마치 그가 협상을 마치고 그 숨겨진 보물을 얻어서 드디어 하나님 나라의 확장을 위해 그것들이 사용될 것이란 확신이 생겼다. 소망이 솟아올랐다. 내가 염원하던 꿈이 금세 현실이 될 것만 같았다. 진짜 그렇게 생각했다.

허리춤에 찬 휴대폰이 진동했다. 스캇에게서 온 전화였다. 나는 그가 손에 유물들을 챙겨들고 유럽에서 비행기를 타고 돌아온다는 소식일 줄 알았다. 대신에, 그는 나쁜 소식을 전했다. 또 다른 수집가가 중간에 끼어들어서 내가 스캇에게 구입하라고 일임한 모든 유물을 이미 사갔다는 것이다.

실망스런 소식이었다! 내 심장이 위장 속으로 빨려 들어가는 것 같았다. 내가 훨씬 더 비참한 기분이 들었던 것은 이후에 그 유물들 속에서 참으로 가치 있고 희귀한 초기 성경 파피루스들이 발굴되었다는 것을 알고 나서였다. 나는 속으로 생각했다. 그 유물들은 우리에게 오기로 했었단 말이야! 나는 비탄에 잠겼다. 나는 그것 말고도 다른 유물들이 얼마든지 있다며 스스로 마음을 다잡으려 노력했다.

그러나 그 쓰디쓴 실망감은 오래 머물렀다.

여러 주가 지났다. 스캇은 끈질긴 추적 끝에 마침내 유럽에서 소식을 전해 왔다. 그가 또 다른 고대 유물을 찾아냈는데 살 가치가 있는 것 같다는 연락이었다. 내가 말했다. "다 구입하라고. 지금 당장!"

이때 스캇은 성공했다. 그래서 우리는 2장에서 내가 기술했던 그 증거 발견하기(Discover the Evidence) 행사를 기획할 수 있었다. 각 성경 쪼가리들은 그 모임에서 직접 발굴했는데, 나는 황홀한 기분이었다. 우리 손에 들어온 사본 조각들은 예레미야 33장, 마가복음 1장, 요한복음 14장, 마태복음 6장과 7장, 요한일서 2장, 갈라디아서 4장에 나오는 구절들이다. 이것들은 오늘날 현존하는 이 구절들이 적힌 필사본들 가운데 가장 초기의 것에 속한다 – 이변이 없다면 가장 초기의 것이다. 그러하기에 이것들 역시 굉장히 희귀하며 가치 있다. 하지만 이제 와서 이야기이지만 우리가 발굴한 일곱 조각과 매수 과정에서 무산된 그 대단한 유물을 비교하면서 한동안 실망의 여운이 가시지 않았다.

그렇게 된 것은 사실 하나님이 나를 위하여 특별히 보류하신 것임을 깨달을 때까지 그랬다. 놀랍게도 그 일곱 성경 구절은 내가 일평생 목회하면서 설교해 왔던 메시지 주제와 직접 연관된 것들이다. 나는 목회 첫날부터 그리스도의 신성을 글로도 썼고 설교도 했다. 우리의 요한일서 2장 사본 파편에서, 사도는 예수님이 하나님의 아들이 아니라고 주장하며 사람들을 배도의 길로 몰고 가려는 자들에 대해 믿는 자에게 경고한다. 갈라디아서 4장 조각에서, 사도 바울도 똑같이 한다. 마치 하나님께서 나에게 이렇게 말씀하시는 듯했다. **"나를 위해 이 메시지를 계속 설교하라, 조쉬, 온 세상이 듣기까지!"**

나의 설교와 저술에서, 나는 메시야에 관한 예언을 강조해 왔다. 그것은 나의 핵심 주제인 그리스도의 신성을 지지하는 설득력 있는 증거이기 때문이다. 우리 팀이 5세기에 필사된 예레미야 33장의 사본 조각에 다윗의 후손이 "이스라엘의 왕위에 영원히" 앉으실 것이라는 예언이 적혀 있는 것을 발견했을 때 나는 어안이 벙벙했다. 마치 하나님께서 나에게 다시 이렇게 말씀하시는 듯했다. **"이 메시지를 계속 설교하라, 조쉬, 온 세상이 듣기까지!"**

나의 목회에서 또 다른 주안점은 그리스도의 부활 – 그분의 신성의 궁극적인 증거 –이다. 이제 내가 다룰 두 개의 신약 사본 조각은 마가복음 15장과 요한복음 14장이다. 둘 다 그리스도의 죽음과 부활에 관해 적혀 있다. 다시 나는 하나님이 하시는 말씀을 들었다. **"이 메시지를 계속 설교하라, 조쉬, 온 세상이 듣기까지!"**

오랫동안 내가 지속해서 강조해 온 또 다른 주제는 하나님이 믿는 자에게 주신 참과 거짓을 판단하고 선과 악을 분별하는 방법이다. 나는 이 진리에 대해 마태복음 7장을 사용하여 밑줄까지 치면서 광범위하게 설교하고 책도 썼다. 놀랍게도 하나님은 나에게 마태복음 7장의 고대 사본 조각을 얻도록 허락하여 주셨다. 나에게 하나님께서 이렇게 말씀하시는 것이 분명했다. "이 메시지를 계속 설교하라, 조쉬, 온 세상이 듣기까지!"

끝으로 6세기에 필사된 마태복음 6장의 사본 조각에는 예수님의 이러한 말씀이 적혀있다. "먼저 그의 나라와 그의 의를 구하라 그리하면 [하나님이] 이 모든 것을 너희에게 더하시리라"(마 6:33). 하나님은 내가 주로 전해왔던 모든 메시지의 주제 구절들을 나의 손에 꼭 쥐어 주셨다. 우리의 모든 관계에서 하나님과 그분의 도덕적, 윤리적, 방법을 구하면, 그분은 우리를 사랑하시는 공급자와 보호자이므로 우리에게 필요한 모든 것을 주신다. 35년 이상 계속 이어지고 있는 나의 6가지 신앙캠페인에서 매번 이것이 핵심 초점이다. 이 일곱 구절의 사본 조각을 나에게 주시면서 하나님은 아주 분명하게 나를 향해 이렇게 말씀하신 것이다. "이 메시지를 계속 설교하라, 조쉬, 온 세상이 듣기까지!"

하나님이 나에게 이 고대의 살아있는 보물을 소장하도록 허락하신 것은 남녀노소를 막론하고 성경은 하나님의 호흡에서 나온 것이며 역사적 신뢰성을 가진 책이란 것을 깨우치기 위함이라고 믿어 의심치 않는다. 그런데 내가 실로 매우 놀란 것은 하나님의 작정하심 때문이다. 하나님이 나에게 주신 일곱 개의 특별한 성경 구절은 내가 목회를 하는 내내 늘 설교하고 집필하던 대표 구절이다. 어떤 이는 이것은 우연의 일치라고 말할 수 있다. 나는 개인적으로 하나님께서 내게 확신을 주시면서, 50년간 해 오던 사역을 앞으로도 계속하라고 강력하게 촉구하시는 것으로 여긴다.

나의 친구가 이 점을 나에게 적시하면서 이런 의견을 주어 단편적 사실들을 꿰어 좋은 결론에 도달할 수 있었다. "조쉬, 이것이 무슨 의미인지 알겠니? 네가 태어나기 1,600년 훨씬 전에, 한 명 또는 그 이상의 옛 이집트인이 용도 폐기된 파피루스 조각들로 미라의 관을 만들었다고. 전문가들이 그 파피루스 파편 더미를 손으로 일일이 헤쳐가면서 일곱 개의 성경 사본 조각을 찾아냈어. 그 조각들은 다섯 가지 메시지에 초점이 맞춰져 있단 말이야. 한 하나님의 종이 1,600년이나 지난 시점에서 그것을 확인했고."

그는 말을 계속 이어갔다. "1,600년도 훨씬 더 된, 그러한 관들이 대중들이 모르는 곳에 숨어 있었어. 그러다가 네가 돈을 주고 소중한 성경 구절이 담겨있는 희귀한 유물을 사려고 했어. 어떻게 됐지? 어떤 사람이 그것을 사가는 바람에 거래가 무산되었지. 왜일까? 나는 분명히 알 것 같아. 하나님이 네게 주고 싶으셔서 1,600년간 너를 위해 특별한 관을 따로 보관해 두셨던 거라고! 그분이 이렇게 하신 것은 너를 사랑하기 때문이고 네 말년에 네게 확인시켜 주고 싶으셨던 거야. 네가 알다시피 너는 여전히 유능한 설교자이잖아. 네가 '온 세상이 듣기까지' 계속해서 그분의 메시지를 설교하는 것을 그분이 좋아하시는 것 같아."

만일 이것이 나에게 "계속하라, 내 아들아"라고 말씀하시는 하나님의 방식이라면, 나는 감사하고 겸손한 마음으로 이렇게 대답할 것이다. "감사합니다. 주님. 제게는 확신과 긍정이 필요합니다. 제게 그것을 주옵소서. 다시 한 번, 주께서 제 필요를 적시에 채워 주소서."

이 장을 마치면서, 나는 한 가지를 확실히 해 두고 싶다. 하나님의 격려로 그분을 섬기는 일을 계속하고 있어서 감사하지만, 눈곱만큼도 나는 이것이 **나의** 사역을 비준한 것으로 여기지 않는다. 이것은 **하나님**의 사역이다. 그분이 워낙 자비로 와서 나에게 작은 부분을 허락해 주신 것이다. 하나님의 능력과 공급해 주시는 힘이 없으면 나는 아무것도 할 수 없다. 청년의 때에 나는 힘든 일이 - 알코올 중독과 분노로 산산이 조각난 가정, 성적 학대에 기인한 아동기 심리적 외상, 말더듬 증에서 비롯한 열등감과 폭력성 - 너무나 많았다. 그런데 하나님께서 내 인생의 그런 약점을 취해서 그분을 통하여 강점이 되게 하셨다.

하나님의 말씀이 개인에게 얼마나 유의미한지 내가 산 증인이다. 그분의 말씀은 당신에게도 유의미하다. 이삼천 년 전에 하나님의 감동하심을 입은 사람들이 작성한 성경은 당신이 처한 환경에서 지금 이 순간에도 당신에게 유의미하다. 이 말씀은 당신이 있는 거기에서 하나님은 결코 당신을 떠나지도 않고 버리지도 않는다고 말한다. 그분은 상처 입은 당신을 치료하는 위로의 말씀을 해 주시고, 당신이 절망하며 괴로워할 때 성령으로 용기를 북돋워 주고, 괜찮다며, 당신의 모습 그대로 사랑한다고 말씀하며 받아 주고, 위기의 순간에 미래에 대한 두려움을 제거하여 안도하게 하고, 당신을 내 자녀라며 인정해 주고, 영원한 사랑으로 이렇게 말씀한다. "너희 염려를 다 주께 맡기라 이는 그가 너희를 돌보심이라"(벧전 5:7).

당신을 특별한 목적이 있어 창조하셨다

성경은 당신이 하나님의 세계에 꼭 들어맞는 진귀하고 특별한 존재라고 단언하므로 개인에게 유의미하다. 하나님은 당신도 나 못지않게 독특하고 가치 있는 사역에 쓰기 위해 창조하셨다. 대중 사역이 아닐 수 있다. 전임 목사나 교수가 아닐 수 있다. 그러나 고린도전서 12장에서 바울이 말한 것처럼, 우리는 각자 그분 나라의 구성원으로서 누구도 대신 할 수 없는 방법으로 제 역할을 능히 해낼 수 있는 특유한 은사를 받는다. 바울은 교회를 몸에 비유하면서 우리는 각자 그 몸을 구성하는 서로 다른 유일한 지체라고 말한다. 마치 몸에는 기능별로 많은 다른 기관과 팔다리가 있는 것처럼, 우리도 또한 그리스도의 몸의 지체로서 각자 가진 독특한 은사, 재능, 그리고 능력을 발휘하여 몸 전체를 유익하게 해야 한다.

어떻게 당신의 독특한 재능이나 기능을 발견할 수 있는가? 성경이 우리에게 알려 준다. 고린도전서 12장 4절에서 바울은 "은사는 여러 가지나 성령은 같고"라고 기술한다. 만일 당신이 자신의 마음을 비우고 하나님의 성령께 굴복하면, 그분이 당신을 인도해서 어느 분야에서 섬겨야 할지 발견하게 하신다.

목회자의 경우 무슨 사역을 하든, 당신의 궁극 목적은 그분을 알고, 그분을 닮고, 그분의 방법대로 살아서 하나님을 경외하며 영광을 돌리는데 있다. 그분이 당신을 온전하게 해 놓으신 후에야 비로소 당신만의 그 고유한 인생의 의미가 뚜렷이 보인다. 그런 고유성이 있어야만 당신이 누구이며, 또한 왜 당신이 여기에 있는지 분명히 알게 된다.

그리스도의 몸의 지체로서 당신이 이루어야 할 특별히 정해진 일이 있다. 즉, 당신의 전존재를 다해 하나님을 사랑하고 이웃을 당신의 몸같이 사랑함으로써, 세상을 하나님과 화목케 하라는 주님의 명령에 복종해야 한다. 그렇게 한 후, 영광스런 소망과 기대 속에서, 하나님 그분과 함께 완벽한 교제를 나누는 생명의 유업을 상속받기 위해, 모든 것이 영원하며 죄가 없는 온전한 세계로 들어간다.

보다시피, 성경은 당신 삶의 모든 영역에서 유의미하다. 성경의 각 쪽은 당신의 도로 지도이고, 성령님은 당신의 안내자이다. 성경은 이삼천 년 전에 기록되었어도, 그 속의 진리는 오늘날 여전히 개개인에게 유의미하다. 그러므로 나는 당신에게 하나님의 말씀을 보라고 강력하게 촉구한다. 그것은 당신이 꼭 알아야 할 모든 것을 담고 있다. 당신의 정체성, 당신의 목적, 당신의 운명, 그리고 당신이 얼마나 하나님의 우주적 계획에 적합한 존재인지 알려준다. 성경은 진실로 오늘날 유의미하다.

6장

저자가 하나님인가
인간인가?

저자가 하나님인가 인간인가?

우레가 지축을 흔든다. 구름 사이에서 번쩍번쩍 번갯불이 뿜어져 나온다. 산이 격하게 요동하며 불꽃과 연기가 하늘 높이 치솟아 오른다. 그리고 이어서 엄청난 사건이 벌어진다. 하나님이 소리를 발하신다. 자연 속에 펼쳐지는 이런 장대한 위력 아래 공포에 질려서 벌벌 떨고 있는 사람들의 귀에 온 우주를 창조할 때 내던 그와 똑같은 강력한 목소리가 들린다.

이것은 삼천 년도 넘은 때에 하나님이 시내산에서 이스라엘 자손에게 목소리를 들려주실 때 벌어진 상황이다. 그런데 그날 그분의 목소리를 들려주신 것보다 훨씬 더 엄청난 일이 있었다. 그분은 또한 모세에게 이렇게 하셨다. "증거판 둘을 모세에게 주시니 이는 돌판이요 하나님이 친히 쓰신 것이더라"(출 31:18). 하나님의 말씀을 하나님이 친히 쓰셨다.

이는 실로 역사적으로 중요한 의미가 있는 매우 특별한 날이었다. 모세는 훗날 그 사건을 멀리 내다보며 이렇게 기록한다. "네가 있기 전 하나님이 사람을 세상에 창조하신 날부터 지금까지 지나간 날을 상고하여 보라 하늘 이 끝에서 저 끝까지 이런 큰 일이 있었느냐 이런 일을 들은 적이 있었느냐"(신 4:32).

거기 사람들이 있었다. 모든 사람이 읽고 이해할 수 있도록 하나님이 친히 자신의 말씀을 써서 주신 두 돌판도 있었다. 하나님이 친히 쓰신 것이기에 아무도 그 말씀이 누군가의 사상으로 얼룩졌다며 토 달 사람이 없다. 이것이 바로 원조 십계명의 진실이다. 오늘날이라 해서 그런 성경의 진실이 달라질까? 우리가 현재 가지고 있는 이 말씀이 하나님이 말씀하셨고 또한 하나님이 친히 쓰셔서 주신 것이 아니면 무엇이란 말인가? 사도 바울은 그 돌판에 적힌 말씀을 입에 올리면서, 이스라엘 백성에게 너희는 "하나님의 말씀을 맡았음이니라"(롬 3:2)고 말한다. 예수께서 그 돌판에 적힌 말씀을 지칭하면서, 그 말씀의 교훈을 오용하고 있는 바리새인들을 향해 마태복음 15장 6절에서 "너희의 전통으로 하나님의 말씀을 폐하는도다"라며 책망하셨다.

원조 두 돌판은 중개인 없이 하나님이 친히 쓰신 말씀이란 사실에 이론의 여지가 없다. 그러나 그것은 드문 사례이다. 성경의 다른 기록은 모두 모세, 다윗 왕, 선지자, 사도 같은 사람이 썼다. 따라서 성경이 하나님의 말씀이라고 하는 것을 보니, 하나님이 그 사람들을 무아지경에 몰아넣고, 그들의 손과 붓을 직접 잡고 움직여서, 그분의 메시지를 작성하여 우리에게 주신 것일까?

영감의 참뜻

당신은 노래를 듣거나 시를 낭송하면서 감동한 적이 있는가? 어쩌면 당신은 영감이 떠올라 지금 곡을 만들거나 시를 자작하고 있는지도 모르겠다. 노래, 시, 소설, 대중 연설, 격려사 등에서 우리는 감동한다. 그러나 우리가 말하는 성경의 영감은 어떤 사람, 노래, 또는 책으로 인해 우리의 기분이 고조되는 것과는 크게 다른 개념이다.

사도 바울은 "모든 성경은 하나님의 감동으로 된 것으로"(딤후 3:16)라고 기술한다. 헬라어로는 **하나님의 감동으로 된 것으로**가 **데오프뉴스토스**(theopneustos)라는 한 개의 단어로 되어 있다. 이는 문자적으로 "하나님의 호흡하심"(God-breathed : 데오스 theos, 하나님 / 프네오 pneo, 숨 쉬다)이란 뜻이다. 달리 말해서, 하나님이 그분의 말씀을 사람들에게 불어 넣으셨고, 이어서 그들이 그것을 기록했다는 것이다. 이들은 하나님이 사용한 영혼 없는 받아쓰기용 로봇도 아니고, 그렇다고 최면 상태에서 하나님의 말씀을 그대로 받아 적은 것도 아니다. 대신에, 하나님은 그들의 마음에 그들이 적어야 할 내용을 계시하셨고, 그러자 그들이, 그분의 자원하는 종으로서, 하나님이 전하라고 하신 내용을 기록으로 남긴 것이다. 이들은 저마다 자신의 글 솜씨와 재능을 발휘했다. 그러나 자신들이 기록한 사상과 말씀은 하나님으로부터 직접 받은 것임을 제대로 인식했다.

사도 베드로는 그것을 이렇게 요약한다. "예언은 언제든지 사람의 뜻으로 낸 것이 아니요 오직 성령의 감동하심을 받은 사람들이 하나님께 받아 말한 것임이라"(벧후 1:21). 베드로는 하나님의 말씀은 성령님의 지휘 감독 아래 사람들이 각자 하나님께 받은 말씀을 기록한 것이라고 말한다. 하나님은 그 사람들을 매개체로 하여 그분의 메시지를 전달했다. 사도 바울은 이와 똑같은 취지에서 이렇게 기술한다. "우리가 이것을 말하거니와 사람의 지혜가 가르친 말로 아니하고 오직 성령께서 가르치신 것으로 하니 영적인 일[성령님의 말씀]은 영적인 것으로 분별[설명]하느니라"(고전 2:13).

하나님은 그분의 말씀을 대언자를 통해 전달하기 위하여 다양한 방법과 수단을 취택하셨다. 모세의 경우, 하나님은 그에게 직접 말씀하는 방법을 선택하셨다. "사람이 자기의 친구와 이야기함 같이 여호와께서는 모세와 대면하여 말씀하시며"(출 33:11). 훗날 모세는 이스라엘 자손에게 이렇게 말한다. "네 하나님 여호와께서 너희 가운데 네 형제 중에서 너를 위하여 나와 같은 선지자 하나를 일으키시리니… 여호와께서 내게 이르시되… 내 말을 그 입에 두리니 내가 그에게 명령하는 것을 그가 무리에게 다 말하리라"

(신 18:15, 17~18).

때때로 하나님은 그분의 대언자와 꿈을 통해 교통하셨는데, 창세기 37장에서 요셉에게 그리하셨다. 이사야, 에스겔, 다니엘, 사도 요한, 그 외 다른 이들의 경우, 하나님은 그들에게 이상(visions)을 통해 말씀하셨다. 다른 때에는 하나님께서 기자에게 천사를 보내기도 하셨다(창 19장). 그러나 가장 흔한 경우는 내주하시는 성령님의 음성을 통해 대표적인 표현으로 "여호와께서 하신 말씀에"라는 식으로 그 말씀을 전하셨다. 삼천 년도 더 된 시절부터 이런 다양한 방식으로 성경 말씀이 기록되었다. 우리가 하나님을 알고 또한 그분과 사귐을 갖는 방법을 터득하도록 하나님은 인간 대언자를 통해서 정성스레 "여호와의 말씀"을 전달하셨다. 사도 바울은 독자에게 자기는 단지 하나님의 대언자일 뿐 그 메시지의 창시자가 아니란 것을 이렇게 밝힌다. "내가 너희에게 알게 하노니 내가 전한 복음은 사람의 뜻을 따라 된 것이 아니니라 이는 내가 사람에게서 받은 것도 아니요 배운 것도 아니요 오직 예수 그리스도의 계시로 말미암은 것이라"(갈 1:11~12).

사실상 하나님의 택하심을 받아 그분의 메시지를 기록한 자들은 모든 사람에게 그 메시지의 원저자는 하나님이란 것을 분명하게 밝혔다. 그래서 우리는 성경의 저자는 하나님이시고 인간은 다만 기자에 불과하다고 말해야 한다. 하나님의 영적 진리가 사람들을 통해 성경이라는 기록으로 전달된 것이다. 따라서 우리는 하나님의 대언자였던 모세, 다윗, 솔로몬, 이사야, 예레미야, 마태, 마가, 누가,

요한, 베드로, 바울, 그리고 그 외 인물들의 글을 읽을 때, 하나님의 말씀을 읽는 중이라고 확신해도 된다.

왜 저자가 그리 많은가?

 하나님은 전지하고 전능하시니, 얼마든지 한 사람만 시켜서 인류에게 그분의 우주적 진리를 전달해도 되셨다. 그러나 그분은 그러지 않으셨다. 그분은 자신의 진리를 전하기 위해 40대가 훨씬 넘는 여러 세대에 걸쳐서 각계각층에 속한 40명 이상의 자자를 선택하셨다. 그 사람들을 열거하자면, 정치인, 학자, 목자, 군인, 시인, 선지자, 의사, 왕, 주인, 신하, 천막 만드는 자, 세리, 어부였다. 그들은 다양한 장소에서 기록했다. 궁궐, 감옥, 광야, 지하 감옥, 산비탈, 그리고 유배된 섬 등. 그들은 각기 다른 인생을 경험했다. 그들은 성격도 달랐고, 문체도 달랐고, 인생관도 달랐다. 각 기자의 고유한 인생 체험이 글에 실렸다. 그리고 이것은 명약관화한 하나님의 의도셨다.
 인간으로서 우리는 각자의 인생 경험에 따라 자신만의 성향과 취향을 띤다. 우리가 자랐던 집, 우리가 다녔던 학교, 우리를 길러주신 부모, 우리가 교제했던 친구는 모두 우리 인생의 무대 위에 있는 배경 막과 상대역이다. 그런 영향권 아래에서 벌어지는 일들과 날마다 마주쳐 살아오면서 형성된 것이 바로 오늘날 당신의 모습이다. 그리고 우리는 각각 하나님이 지으신 고유한 피조물이므로, 인생 경험이 다들 다르다. 그러다 보니 우리는 각자 남들과는 약간씩 다른 방식으로 인생을 본다. 따라서 만일 하나님이 어떤 진리를 당신을 통해서 전하려고 하신다면, 그 메시지의 수준을 아마도 당신의 고유한 인격, 은사, 학력, 경력에 맞추실 것이다. 이것이 바로 하나님이 그분의 인간 대언자를 선택하실 때 하셨던 일이다. 그분은 대언자의 인간적 능력 내에서 그분이 전하려는 메시지를 알려 주셨다.

하나님이 다윗 왕을 택하여 우리에게 타락, 죄, 고통, 상실, 회개, 용서에 관련한 그분의 메시지를 기록하게 했던 일을 주목하라. 다윗은 그의 인생에서 크게 승리했던 인물이지만, 죄의 결과로 처참한 실패와 극심한 고통을 겪었다.

한 때, 다윗은 이스라엘 전체에서 가장 강한 사람이었다. 왕으로서 그는 신하들과 후궁들을 거느렸고, 한도 내에서 그가 바라는 것은 다 가질 수 있었다. 하지만 그는 그 한도를 넘어 다른 사내의 처와 동침했다. 그런 다음 그는 그것을 덮으려고 그 남편을 전투의 선봉에 세워 결국 죽게 한다. 다윗은 자기의 죗값을 혹독하게 치렀다. 비극과 마음의 고통이 수년 동안 그의 가정을 괴롭혔다.

불륜의 관계로 태어난 아이는 난지 칠 일 만에 죽는다. 후에 다윗의 아들 암논이 그의 이복 자매 다말을 강간한다. 또 다른 다윗의 아들 압살롬이 암논을 살해하여 다말을 강간한 일에 복수한다. 다윗의 집안은 우환이 들끓었다. 압살롬은 또한 다윗에 대항하여 역모를 꾀했고 결국 왕위를 찬탈하기 위해 반란을 일으킨다. 결국 압살롬이 죽어, 이미 극에 달한 비극적인 이야기에 가슴에 비수를 꽂는 일이 더해진다.

간통 사건 이후 수년이 흐르는 동안, 다윗은 속임수, 배반, 분쟁, 가족의 죽음, 고뇌를 경험한다. 하지만 그는 하나님의 사랑과 자비를 통해 주님께 돌아온다. 하나님의 말씀으로 배반, 죄책감, 용서를 다윗 왕보다 더 잘 대언할 수 있는 자가 누군가? 하나님은 인간으로서 산전수전 다 겪은 다윗의 경험을 사용하여 시편을 기록하셨다. 다윗의 글은 우리에게 견줄 데 없는 통찰로 사랑 넘치는 하나님의 마음을 느끼게 한다. "여호와는 긍휼이 많으시고 은혜로우시며 노하기를 더디 하시고 인자하심이 풍부하시도다"(시 103:8). 사랑의 주님을 만난 다윗은 그 인생이 완전히 바뀌었다. 다윗이 쓴 시편에서 우리는 헌신된 그의 부드러운 마음, 섬기려는 그의 갈망, 하나님을 더욱 알기 원하는 그의 불타는 열정을 본다. 다윗 왕은 하나님의 말씀을 기록하기 위해 무작위로 선택한 대언자가 아니다. 그는 하나님의 유능한 전령이다. 이는 그가 자기의 삶으로 하나님의 메시지를 직접 체험했기 때문이다. 하나님은 죄의식에 시달리는 것이 무엇이며 죄 사함을 받는 것이 무엇인지 잘 아는 한 왕이 쓴 글을 통해 인간에게 다함이 없는 사랑의 메시지를 전달하셨다.

다른 사례로, 하나님은 수준급의 문장을 구사하는 선지자의 시나 신학적 소양을 갖춘 제사장의 견해도 우리에게 필요하다는 것을 배려하셨다. 그래서 그분의 우주적 진리를 다양한 문학 형식과 문체에 능숙한 기자들을 통해 전달하여, 그런 진리를 현대인이 봐도 선뜻 유의미한 것으로 이해할 수 있게 하셨다. 우리가 누구인지, 얼마나 우리가 다양하게 인생 경험을 쌓았는지 상관없다. 그분의 대언자들의 관점, 감성, 환경을 통해 전달된 하나님의 말씀은 지금 이 시대에도 딱 들어맞게 우리의 필요를 채운다.

모세가 겪은 경험들이 그가 하나님의 대언자로서 어떻게 성경의 처음 다섯 권의 책을 쓸 수 있도록 준비를 하게 했는지 생각해 보자. 그는 이스라엘이 애굽에서 종살이를 하던 때에 히브리 사람의 가정에서 출생했고, 그때 애굽 왕 바로(파라오)는 모든 히브리인 사내 아기를 죽이라고 명한다. 모세를 구하기 위해, 그의 모친이 아기를 광주리에 넣어 나일 강에 띄운다. 바로의 딸이 아기를 발견하고 양자로 삼는다. 하나님의 섭리로, 그 공주는 무심코 모세의 생모를 그 아기의 유모로 고용한다.

애굽의 왕궁에서 왕자로 성장한 모세는 애굽의 모든 지혜를 섭렵했다. 그는 문장력을 갖췄고 지도자 훈련도 받았다. 그는 왕재로도 손색이 없었다. 하지만 곤경에 빠진 이스라엘인 노예를 목격하고 그는 애굽인을 살해한다. 40세에, 모세는 목자로서 은둔 생활을 할 수밖에 없었다. 40년이 더 흐른 뒤, 하나님은 모세를 소명하여 자기 백성을 애굽에서 인도하여 약속의 땅으로 가게 하라고 하신다. 당신도 그 이야기를 잘 안다. 결국 바로가 이스라엘 백성을 가게 한 후, 모세는 또 다른 40년을 광야에서 이스라엘 자손을 이끌며 방랑한다.

여기 고학력자인 이 사람은 왕실 생활을 체득했고, 애굽인을 살해했고, 목자로서 살았고, 그의 동족을 해방했고, 기적을 행했고, 하나님과 대면하여 말했고, 결국 이스라엘 자손을 약속의 땅 접경까지 인도했다. 120년 넘게 산 그의 인생은 그야말로 인간 경험의 총합이다. 그는 하나님의 대언자로서 그분의 말씀을 기록할 가장 이상적인 후보였다. 그를 창조 기사, 역사상 중요한 인류의 시작, 그리고 죄로 망한 세상에 거하는 그분의 백성을 구원하고 회복하시겠다는 하나님의 언약 전달자로 삼으신 것은 하나님의 완벽한 선택이었다.

사도 바울은 어떻게 하나님이 한 사람의 인생 경험을 통해서 우리가 알아야 할 것과 들어야 할 것을 정확하게 전달해 주시는지 보여 주는 또 다른 사례이다. 처음에 바울(당시에는 사울)은 초기 그리스도인을 앞장서서 핍박하던 자였다. 그는 수준 높게 유대교 율법을 공부한 히브리인 중의 히브리인이고 열성적인 바리새인이었다.

과격한 율법주의자였던 그는 거만하고 오만했고, 그리스도에게 속한 자들을 완고하고 잔인하게 다뤘다. 그러나 인생의 방향이 완전히 바뀌는 회심을 한 후, 그는 정열적인 사도 바울이 되어, 그리스도를 사랑하고 초대 교회를 사랑과 겸손으로 이끌었다. 예수님을 위한 그의 확고부동한 헌신은 종종 그를 곤란한 지경으로 몰아넣었다. 그는 다수의 서신서를 감옥에서 썼다. 수년간에 걸쳐 여행과 목회를 하는 동안, 그는 여러 차례 행정당국에 의해 형벌을 받았다. 사십에서 하나 감한 매를 다섯 번 맞았고, 세 번 태장을 맞았다. 한 번 돌로 맞고 살아났고, 세 번 파선하고, 여러 번 자지 못하고 주리며 목마른 가운데 핍박 중에 있는 교회를 성장시켰다(빌립보서 참조).

바울의 배경과 인생 경험으로 말미암아, 하나님은 그를 통해 구원의 의미, 은혜의 특성, 그리고 어떻게 그리스도가 만물의 중심이신지 효과적으로 자세하게 설명해 주실 수 있었다. 따라서 우리는 재능 있는 학자요, 신학자며, 겸손한 그리스도의 종인 한 사람이 쓴 서신을 통하여 하나님의 마음과 생각을 이해하게 된다. 성경의 각 권, 각 장, 각 절은 인간 대언자의 관점에서 쓰였다. 그러나 그것은 우리가 들어야 할 하나님의 정확한 메시지를 여전히 전하고 있다. 하나님의 감동으로 된 이 성경은 주님이 선택하신 인간이라는 매개체를 통하여 초자연적인 인도하심으로 기록된 진리로서 우리의 삶을 위한 생명감 넘치고 유의미한 책이다. 하나님이 저자이시고, 인간은 기록자인 성경 66권은 당연히 하나님의 말씀이라고 불러야 한다.

영감에 관련하여 답변해야 하는 또 다른 질문이 있다. 성경 – 하나님의 말씀 –은 구약 39권 신약 27권으로 온전히 완성된 책이다. 하나님과 그분의 뜻에 관한 여타의 수많은 책과 서신이 성경이 완성되기 전에 기록되었다. 이 특별한 책 한 권만이 하나님의 영감으로 된 유일한 책인가? 누가 각 권을 하나로 묶어 성경으로 출간했을까?

만약에 사람이 그것을 선택했다면, 혹시 그들이 하나님의 감동으로 된 다른 서신을 못 보고 넘어갔거나, 하나님의 말씀이 아닌 것을 성경에 포함하지 않았을까? 누가 알겠는가? 그것이 바로 다음 장의 주제이다.

7장

누가 그 책들을
성경으로 결정했는가?

누가 그 책들을 성경으로 결정했는가?

"와, 신난다." 아침을 먹으러 식탁에 앉으며 그 남자가 말한다. "드디어 새로 만든 글들이 오늘 도착한 덴다."

"정말이요? 아빠?" 그의 아들이 묻는다.

"사도들의 서신서 몇 개를 새로 복사했어. 그동안 알렉산드리아 교회에서 그 낡은 서신들을 빌려다 봤잖아. 이제 우리 교회도 우리 소유의 서신서를 갖게 되었다고."

5세기의 이 조그마한 이집트인 교회는 이제 곧 마태, 마가, 요한, 바울의 글들을 갖추게 된다. 1,600년이 지난 후, 2013년에 나는 그 서신서들의 조각을 입수하여 유리장 안에 진열해 놓았다. 이제는 갈기갈기 찢어진 상태이고 군데군데 바랬다. 그러나 그 당시, 최근에 마련한 파피루스로 새로 복사본을 필사할 때는 낱장마다 빳빳하고 산뜻했다.

왜 이 이집트인 크리스천은 자기 교회에 성경 사본이 생기는 게 신났을까? 왜 위의 가상 일화에서 아버지가 이 글들이 온다는 소식에 고무되었을까? 그때에는 바울과 요한의 편지와 마태와 마가의 복음서가 심지어 성경으로 공인되지도 않았다. 그런데도 왜 원본이 기록된 이후, 250년이 넘는 세월 동안 사람들은 그것을 복사해서 후대에 물려주면서까지 이들 문헌을 그토록 소중히 여겼을까? 공식화된 성경 일부도 아닌 그 기록들을 이 교회가 그처럼 특별하게 여긴 이유는 무엇일까?

마태와 마가는 각각 A.D. 60년대 중후반 경에 예수님의 일대기를 썼다. 바울은 B.C. 50년대 중후반에 갈라디아라는 로마의 속주에 있는 교회에 편지를 보냈다. 약 35년 뒤에 요한이 복음서와 그의 서신들을 기록했다. 이런 글들이 기록되기 전에는 입에서 입으로 예수님의 죽음과 부활 소식이 구전되었다. 베드로와 다른 제자들이 설교하면 그 복음 메시지가 그 즉시 그리스도께서 십자가에 못 박혀 죽으시고 부활하신 예루살렘 전역에 회자하였다. 바울은 회심한 후에 순행하면서 그리스도를 따르는 자들의 모임에 방문하거나 편지를 보냈다. 그는 사도 가운데 가장 많은 여행을 했다.

바울은 로마제국에서 세 번째로 큰 도시인 수리아 안디옥을 사역의 거점으로 삼았다. 그는 수리아에서 서쪽으로 진행하여 구브로 섬과 현재의 터키 서부지역인 갈라디아, 그리고 소아시아와 그리스까지 갔다. 바울이 여행했던 거리는 2,400km가 훨씬 넘는다. 그는 급성장하고 있는 신생 교회들을 위해 13편의 편지를 썼다. 야고보, 베드로, 요한이 쓴 복음서와 서신들도 회람되었다.

초기에 복음 메시지가 제자들의 입을 통해 전파되었다. 그러자 엄청난 성장이 일어났다. 예를 들어, 오순절에 했던 베드로의 설교로 새로 탄생한 교회에 성도수가 삼천 명이 더해졌다. 그런데 일단 사도의 글들이 회람되기 시작하자, 그 복음 메시지가 큰 반향을 불러일으키며 그리스도의 말씀이 기하급수적으로 번져나갔다. 사도의 글들을 읽고 진리를 깨달은 사람들에 의해서 작은 교회들이 곳곳에 속출했다. 사람들은 이 글들을 받아 보면서 그것의 출처가 예수님을 개인적으로 알고 지내던 사람이거나 혹은 그분과 그분의 가르침을 최고의 권위로 여기던 자들이라는 것을 깨달았다. 그래서 사람들은 회람되는 문서들을 성령의 감동하심을 받은 사람들이 쓴 하나님의 말씀으로 인정했다.

A.D. 100년 이전에 모든 사도가 사망했다. 그러나 기독교회는 규모로 봤을 때, 자기는 그리스도를 따르는 자라고 고백한 이들이 채 25,000명도 안 되는 아직 유아기를 벗어나지 못한 상태였다. 하지만 그다음 200년 동안에, 그 햇병아리 같던 교회가 폭발적인 수적

성장을 맞이한다. 그 수가 대략 이천만 명 정도였다.[1] 이러한 통계는 예수 그리스도의 교회가 5세대를 지나는 동안 세대마다 4배씩 배가 되었다는 의미이다!

비록 이 기간에 교회들 가운데 몇몇 분파가 생기긴 했어도, 목적과 교훈에 놀라운 일치와 방향이 같았다. 이는 모든 집단이 사도의 권위에 순응했기 때문이다. 각 집단은 사도의 글들, 또는 사도들과 친분이 두터웠거나 사도들이 임명한 사람들을 예수 그리스도에 관한 교훈과 진리를 계시하기 위해 하나님이 초자연적으로 인도하신 것으로 믿었다.

4세기의 교회는 사도가 쓴 글들의 권위를 인정했다. 왜냐하면 그 글들은 하나님에게서 나온 것이며 각 말씀을 하나님의 영의 초자연적인 권능이 감싸고 있다고 인식했기 때문이다. 그 글들의 단어 하나하나마다 하나님이 불어 넣어주신 숨결이 배어 있다는 것이다. 그런데 그들은 또한 사도시대에 살던 교회 지도자들의 통찰이나 권면도 신뢰했다. 나중에 교부로 불렸던 그 지도자들의 권위를 사람들이 인정했는데 폴리갑, 이그나티우스, 로마의 클레멘트 등이다. 이들은 사도들과 친분이 있었고 사도의 글들의 신뢰성과 권위를 저술을 통해 널리 알렸다. 그 덕분에 초대교회는 사도들이 쓴 글은 진정 하나님에게서 나온 것이라는 강한 확신을 했다.

심지어 A.D. 64년 이전에 두 번째 서신을 쓴 사도 베드로는 바울이 교회에 보낸 편지들을 일컬어 성경이라고 확고부동하게 말한다.

그는 그 사실을 베드로후서 3장 15~16절에 적어 놓았다. 마지막 사도(요한)가 사망했던 A.D. 100년경까지 초대교회 시대에는 비록 공인된 신약성경이 없었지만, 그럼에도 불구하고 그리스도를 따르는 자들 사이에서는 지속해서 스물일곱 권의 책을 진정 성령의 감동으로 된 하나님의 말씀으로 인식했다. 그 책들을 지금 우리는 신약성경이라 한다.

과연 누가 결정했는가?

아마도 당신은 고대에 여러 교회가 한자리에 모인 교회 회의에서 신약성경을 정경으로 공인했다는 말을 들어본 적이 있을 것이다. 그러나 사실상 사도들의 편지나 글이 정경의 지위를 얻은 것은 일개 개인이나, 조직, 또는 단체가 정한 것이 아니다. 대신에, 권별로, 초대교회를 주축으로 하여 당시 온 세상 사람들이, 아예 처음부터 그 책들이 하나님의 감동으로 되었다는 것을 이미 **인식했거나 인정했다**. 달리 말해서, 어떤 집단이 특정한 문서에 성경적 권위를 부여한 것이 아니란 뜻이다. 그 글들 자체에서, 성령님의 능력을 통하여, 그것들이 하나님이 직권으로 인준하신 성경임이 여실히 드러나 있다.

아무리 그렇다 해도, 초대교회에는 과연 그 기록이 하나님의 감동으로 된 성경인지 그 사실 여부를 가리기 위한 표준 또는 규준이 있었다. 진위를 가리는 과정에서 틀림없는 책들을 한데 묶어 **정경**(canon)이라고 불렀다. **정경**은 "잣대" 혹은 "규정"란 의미가 있는 헬라어의 카논(kanon)이란 단어에서 나온 말이다. 교회사에서 성경 관련 부분을 보면, 교회 지도자들은 최소한 네 가지 잣대나 규정을 가지고 성경을 하나님의 영감으로 된 책으로 공인했다.

1. 그 기록은 사도 혹 하나님의 선지자 혹 사도나 선지자 가운데 한 명 이상 친분이 있는 사람이 작성했다.
2. 그 기록은 하나님의 능력과 임재로 작성했다는 증거가 아주 명백하다.
3. 그 내용이 다른 공인된 성경과 일맥상통한다.
4. 그 기록은 초창기부터 교회에서 널리 수용했다.[2]

A.D. 367년에 알렉산드리아의 아다나시우스가 최초로 그 책들을 순서대로 한데 묶어 공식화했는데 현재의 신약성경 목록과 같다. 그 후 이 책들은 히포(A.D. 393년)와 카르타고(A.D. 397년)의 공의회에서 교회에 의해 공식적인 정경이 되었다. 다시 말하지만, 이들 공의회가 성경이 하나님의 감동으로 된 책이라고 **권위**를 부가한 것이 아니다. 대신에 이들 기록은 하나님 자신이 부여하신 권위가 있는 책임을 그들이 **확인**한 것뿐이다.

39권으로 구성된 구약성경은 B.C. 4세기 초에서 늦어도 B.C. 150

년 이전에 하나님의 감동으로 된 책으로 공인되었다.[3] 39권의 구약 본문은 원래 24권으로 분책되어 있었다. 내용은 오늘날 우리가 가진 구약과 똑같다. 지금은 따로 분리된 몇몇 책들이 예전에는 하나로 묶여 있었기에 24권이다. 애초에 이 책들은 크게 세 종류로 묶여 있었다. 모세 율법서(토라) 5권, 선지서(네비임) 8권, 그리고 성문서(케투빔)라는 제하에 11권.

구약 전체가 하나님의 영감으로 된 책이란 것을 가장 확정적으로 공인하신 분은 다름 아닌 예수님 자신이다. 그분은 구약을 인용하고 되풀이하여 가르쳤을 뿐 아니라, 특별히 구약의 세 부분을 이렇게 언급하셨다. "모세의 율법[5권]과 선지자의 글[8권]과 시편[11권의 성문서에 포함]에 나를 가리켜 기록된 모든 것이 이루어져야 하리라"(눅 24:44).

예수님은 또한 최초의 순교자와 최후의 순교자를 말씀하시면서 그 히브리어 성경(내용은 우리의 구약과 같음)의 시작(창세기)부터 끝(역대하)까지 시간상 전체 기간을 언급하셨다. 그분은 이렇게 말씀하셨다. "창세 이후로 흘린 모든 선지자의 피를 이 세대가 담당하되 곧 아벨의 피로부터 제단과 성전 사이에서 죽임을 당한 사가랴의 피까지 하리라 내가 너희에게 이르노니 과연 이 세대가 담당하리라"(눅 11:50~51). 현재의 구약 성경 순서를 가지고 말한다면 '창세기부터 말라기까지'라고 하신 셈이다. 인용한 누가복음 11장에서 보았듯이 예수님은 구약 전체를 정경으로 승인하셨음이 자명하다.

하나님의 감동으로 된 책은 66권뿐인가?

크리스천 작가가 쓴 양서를 읽거나 영감 넘치는 노래를 통해 하나님의 역사하심을 느꼈던 적이 있는가? 역사 전반에 걸쳐 허다한 사람이 음악이나 도서를 통해서 하나님이 인간에게 전하는 음성을 듣는다. 하나님은 성령님으로 말미암아 여전히 오늘도 살아서 역사하신다. 그 일환으로 사람들에게 영감 넘치는 작품 활동을 하게 하신다. 그렇다면 성경 66권 이외에도 하나님께서 누군가에게 영감을 주셔서 쓴 책은 없을까? 성경에 필적할만한 다른 "성서"가 있지 않을까?

딱 잘라 말해서 대답은 "아니오"이다. 진즉부터 유대교와 교회 지도자들은 선지자들과 사도들이 글을 썼을 때처럼 하나님이 소위 인간에게 직통 계시를 주시던 시절은 이미 끝났다는 것을 알았다. 모세 시대부터 마지막 사도인 요한이 죽기까지 약 1,500년의 기간만 하나님이 특별계시를 주시던 시기로 확정했다.

그 기간에만, 하나님이 자기 자신을 특별하고 직접적인 방법으로 계시하셨다. 히브리서 기자는 그것을 이처럼 설명한다. "옛적에 선지자들을 통하여 여러 부분과 여러 모양으로 우리 조상들에게 말씀하신 하나님이 이 모든 날 마지막에는 아들을 통하여 우리에게 말씀하셨으니"(히 1:1~2). 하나님은 선지자들과 예수님을 통하여 자신의 말씀이 완성되자마자 더는 성령으로 감동하는 것을 멈추고 이를테면 "책을 탁 닫아" 버리셨다.

이것은 유구한 세월 동안 다양한 분야에서 수많은 작품을 남긴 작가들을 하나님이 기름 부어 복되게 세운 적이 없다는 말이 아니다. 다만 그런 도서들은 그 지위가 하나님의 말씀인 성경의 권위에 미치지 못한다는 뜻이다.

정경화 된 책들이 기록되는 동안, 일부 지도자들이 하나님의 영감으로 된 성서로 여기던 그 외 다른 영적인 책들이 표층에 떠올라 있었다. 사실상, 일부 사도들은 그런 책들을 인용하기도 했다. 한 장밖에 안 되는 유다서에 에녹서 1부 1장 9절이 인용되어 있다(유 1:14~15). 하지만 유대교 지도자들은 에녹서를 성경으로 여기지 않았다.

한쪽에서 구약 성경에 포함해야 한다고 여겼던 영적 도서 열네 종이 있다. 지금은 그것을 외경(Apocrypha)이라고 부른다. 이 책들이 출현한 시기는 B.C. 200년에서 A.D. 2세기 초이며 이런 책들이다.

- 에스드라 1서
- 에스드라 2서
- 토빗기
- 유딧기
- 에스더의 추가서
- 솔로몬의 지혜서
- 집회서
- 바룩

- 수잔나
- 벨과 용(다니엘서의 추가서)
- 세 히브리인 아동의 노래(다니엘서의 추가서)
- 므낫세의 기도
- 마카베오 상
- 마카베오 하

 일부에서는 이 14권의 책을 정경인 24권의 히브리어 성경에 첨부해야 한다고 믿는다. 그래서 어떤 이들은 구약을 헬라어로 번역한 70인역(셉투아진트, Septuagint)에 그 책들을 실제로 첨가했다. 그러나 유대교 지도자들은 예수께서 확증하셨던 것과 똑같이 원래대로 24권의 히브리어 본문만 성경으로 공인했다. 또한 예수께서는 추가된 14권의 책에서 단 한 구절도 인용하신 적이 없다는 점에 유의해야 한다. 예수님은 오직 유대교가 정경으로 공인한 24권의 책 - 현재는 똑같은 내용의 구약 39권 -에 있는 말씀만 거론하셨다. 누가복음 24장 27절에서 구약을 언급하면서 "모든 성경"이라는 표현을 사용하고 있는데, 이것은 그 당시 유대교가 정경으로 공인했던 히브리어 책들을 예수께서도 완성된 성경으로 인정하셨다는 뜻이다.
 오늘날 이 14권의 책은 여전히 존재하고 있고 "의심스러워 제외했다"(that which is hidden)라는 의미로 외경(Apocrypha)이라고 부른다. 이 책들은 초대교회는 물론이고 B.C. 150년까지 유대교 학자들조차 수용하지 않았는데, 어쩌다 보니 A.D. 1546년에 이르러 로마 가톨릭 교회가 구약에 포함해 버렸다.

프로테스탄트의 성경에는 위에서 언급한 여러 가지 이유로 구약에 외경을 집어넣지 않는다. 또한 프로테스탄트 학자들은 14권의 외경 중 어느 하나도 하나님의 영감으로 된 책으로 지목하지 않는다. 사실상, 어떤 학자는 영감의 영자도 꺼내지 못하게 한다. 크게 존경을 한 몸에 받던 알렉산드리아의 필로 유대우스 같은 유대인 철학자들과 요세푸스 같은 역사가들, 그리고 그 유명한 제롬 같은 번역자들, 또한 초대교회 교부들은 외경을 하나님의 감동으로 된 성경이 아니라고 딱 잘라 거절했다.

신약 27권의 책은 A.D. 100년 이전에 이미 교회들이 비록 비공식이었지만 성경으로 인정했다. 그 외에도 영적인 글들이 있었지만 과연 하나님의 감동으로 된 것이 맞는지 확실치 않아 의심했다. 2세기 중반에는 신약 외경과 영지주의 글들이 다수 출현했다. 도마의 유아기 복음서, 도마복음, 베드로복음, 유다복음이 있었다.

이 글들은 마태, 마가, 누가, 요한의 복음서와 바울의 서신서와 그 내용에 있어서 전체에 걸쳐 모순된다. 그 모순되는 가르침을 몇 가지 열거해 본다면 이렇다. 창조주는 하나가 아니라 여럿이다. 구원은 "영적인 지식"으로 받는다. 인간의 문제는 죄가 아니라 무지함에서 오는 것이다. 그 외에도 여러 가지 다른 교훈이 있는데 죄다 신약 27권에 배치되는 내용이다. 영지주의 글인 도마의 유아기 복음에 묘사된 장면을 보면, 어린 예수가 길을 가다가 다른 어린이들과 마주치자 화를 냈는데, 그러자 그가 가진 초능력으로 아이들이 모조리 땅에 엎어져 죽는다.

이런 유의 영적인 글들을 초대 교회가 모두 잘라냈다. 그리고 사정이 이러다 보니, 교부들이 과연 어떤 글이 진실로 하나님의 감동으로 된 것인지 판별할 수 있는 규준들을 서둘러 마련했다.

현재 우리는 구약 39권과 신약 27권이야말로 우리를 위한 하나님의 완성된 말씀이란 것을 하늘이 두 쪽 난다 해도 확신한다. 영적인 재능이 있는 선남선녀가 쓴 책들을 통해 유익을 얻는 것은 사실이지만, 정녕 하나님이 원하시는 지식을 얻으려면 오늘날 반드시 성경을 읽어야 한다.

성경 66권이 하나님의 감동으로 되었다는 것은 이미 공인된 사실이다. 그 외에도 성경은 여러 가지 다른 면에서 그 유일성이 돋보이는 책이다. 조금 뒤로 물러서서 다른 책들과 성경을 비교해 보면, 성경은 정말이지 여타의 고문헌들과는 비교가 안 되는 특별한 책이란 것을 실감한다. 그런 유일성이 다음 장의 주제이다.

8장

유일성 :
하나뿐인 특별한 책

유일성 : 하나뿐인 특별한 책

비슷하거나 같은 것이 없는 존재 : 필적할 만한 것이 없는 것[1]

대체 세상에는 몇 권의 책이 있을까? 수년 전, 구글 북 라이브러리 프로젝트(Google Book Library Project)가 한 가지 답변을 내놓았다. 당시 그 프로젝트에 참여했던 구글의 소프트 엔지니어인 리어니드 테이처에 따르면 지구상에 129,864,880권의 책이 있다고 한다.[2] 그리고 이는 책 제목의 숫자일 뿐, 각 책의 발행 부수는 아니다. 이들 약 1억 3천만 종의 책 가운데, 진정 유일성을 지닌 책은 단 한 권뿐이다. 그것에 필적할만한 책이 한 권도 없다. 독보적이다. 바로 성경책이다.

다른 책은 하나님의 감동으로 되지 않았다. 다른 책은 하나님의 사상과 계획의 집대성이 아니다. 성경은 그런 면에서 유일하게 특화된 책이다. 우리는 성경의 독보적인 특성을 최소한 네 가지로 크게 나누어 정리할 수 있다. 하나님의 말씀은 그것의 연속성, 그것의 번역, 그것의 발행 부수, 그리고 시대, 박해, 비판 가운데 나타난 그것의 생존력에 있어서 그 유일함이 타의 추종을 허락하지 않는다.

그러한 성경의 유일한 특성을 하나씩 살펴봄으로써 하나님의 말씀에 대한 경외심과 감사를 재차 새롭게 가졌으면 좋겠다.

성경은 그것의 연속성에 있어서 유일하다.

이미 앞에서 성경은 약 1500년에 걸쳐 40여 명의 기자가 실제적인 삶의 현장 속에서 기록하였다고 언급했다. 시대도 다양하고, 장소도 각각 다르며, 상황도 다른 가운데 기자들이 성경을 썼다. 어떤 기자는 최고조로 기뻐하는 중에, 다른 이는 절망의 깊은 수렁에 빠져서 작성했다. 어떤 사람은 희망과 확신의 시대에, 어떤 자는 혼란과 두려움 속에서 기술했다. 성경은 세 개의 대륙(아시아, 아프리카, 유럽)에서 세 가지 다른 언어(히브리어, 아람어, 헬라어)로 기록했다.

이제 성경에 들어있는 매우 다양한 문체를 살펴보자. 그 속에는 시, 노래, 연애, 개인의 편지, 회상, 일기, 전기, 자서전, 예언, 역사적 담론, 율법, 논리적인 설교, 풍자, 비유, 우화가 담겨있다. 이런 문체로, 기자들은 수백 종의 논제를 다룬다. 그런데도 창세기의 첫 단어부터 요한계시록의 마지막까지 단어까지 성경은 놀라울 정도로 사상이 조화롭고 자체 모순이 없이 서로 이치가 닿는다.

세상의 어떤 책이 그 오랫동안 그처럼 다채로운 배경을 가진 기자들이 다양한 양식과 주제와 관점을 다루면서도 각 입장과 개념에 충돌과 모순이 전혀 없을 수 있단 말인가? 누구라도 그런 경우라면 필연적으로 혼란과 부조화가 생긴다고 예상한다. 그 책의 참된 저자가 하나님 자신이 아니라면 그런 경우가 생겨야 맞다. 성경은 주제의 연속성과 조화에 있어서 하나뿐인 유일한 책이란 점이 돋보인다. 왜냐하면 그것은 하나님의 책이기 때문이다.

아담과 하와가 에덴동산에서 했던 선택과 하나님의 처분 사이에, 하나의 계획이 주목받는다. 모세에게 주신 율법에서 양과 염소의 희생제사에 이르기까지, 하나의 목적이 두드러진다. 구유 안에 누인 무죄한 아기에서 참혹한 십자가의 거룩한 희생까지, 한 가지 사명이 명시된다. 그리스도의 부활에서 죄로 가득한 세상을 회복하여 창조주의 원래 계획이 실현되는 데까지, 성경의 각 권과 각 장이 한목소리와 한 주제로 "**하나님**이 이루시는 **구원!**"이라며 그분과의 관계를 소리 높여 외친다. 하나님께서는 엄청난 기간을 이어가면서 예수님의 성육신을 통해 자기의 잃어버린 자녀를 구속하여 하나님께 돌아오게 하는 일을 해 나가고 계신다. 인간과의 사귐에 불타는 열정을 가지신 하나님에게 성경은 그분의 구원 계획을 전하는 복음 전파의 수단이다. 성경은 그것의 연속성에 있어서 실로 유일하다.

성경은 그것의 번역에 있어서 유일하다.

구약이 처음으로 히브리어와 아람어에서 헬라어로 번역된 것은 B.C. 250년에서 B.C. 150년경이다. 칠십인 역은 주로 예수님의 시대에 헬라어를 모국어로 쓰는 사회에서 읽었다. 후에, 다른 학자들도 구약을 헬라어로 번역했다. 그들의 번역은 콥트어 역이었는데, A.D. 350년경에 완료되었다. 콥트어는 후기 이집트어로서 대부분 헬라어 문자로 표기하였다. 라틴어 불가타 역은 제롬이란 학자가 A.D. 382년에 번역을 시작했다. 그는 25년에 걸쳐 그 번역을 완료했다. 성경의 불가타 번역본은 요하네스 구텐베르크가 발명한 활판 인쇄술을 사용하여 1455년에 출판한 최초의 전문 서적이다.

4세기 초엽까지, 히브리어와 헬라어 성경이 슬라브어, 고대 시리아어(최신 아람어), 아르메니아어, 보하이릭어(콥트어 사투리), 페르시아어, 아라비아어, 고대 프랑크어, 그리고 앵글로 색슨어로 번역되었다.

영어 성경은 고대 영어인 앵글로 색슨어로 5세기에 번역하기 시작했다. 최초로 성경 전체를 영어로 번역한 사람은 존 위클리프였다 (1329~1384). 그의 영역본은 145년 동안 유일한 영어성경이었다. 근대 영어성경 번역의 대가는 윌리엄 틴데일로서 1525년에 틴데일역 영어성경을 제작했다. 영어권 세계에서 오늘날까지 가장 대중화된 성경 번역본은 그 유명한 흠정역 성경인데, 킹제임스 성경(1611)으로 더 많이 불린다.

일찍이 B.C. 250년에서 B.C. 150년 사이에 시작한 다른 여러 언어로 성경을 번역하는 과정은 오늘날에도 계속 진행 중이다. 성경은 인류 역사를 통틀어 가장 많이 번역한 책이다. 세계성서공회(United Bible Societies)의 보고서에 따르면 2014년의 경우 성경이나 쪽 성경이 2,650종의 언어로 번역되었다고 한다. 세계성서공회가 운영하는 디지털 성경 라이브러리(Digital Bible Library)에는 43억의 인구가 사용하는 636개 언어군 가운데 800종 이상의 번역본이 있다. 그 수많은 번역본으로 말미암아 세계 인구의 90% 이상이 자신의 언어로 성경의 내용을 잘 이해하고 있다.[3] 성경은 실로 그것의 번역에서 유일하다.

왼쪽 : 현대의 서기관이 히브리어 성경을 필사(복제)하는 장면

바로 아래 : 두루마리를 만들 때 잉크 제조와 가죽 판(양피지) 고르기에 쓰이는 오배자(몰식자)

맨 아래 : A.D. 1,450~1,500년 사이에 필사한 로지 토라를 확대경으로 조사하는 장면

로지 토라의 세로 단 1-6을 근접 촬영한 장면

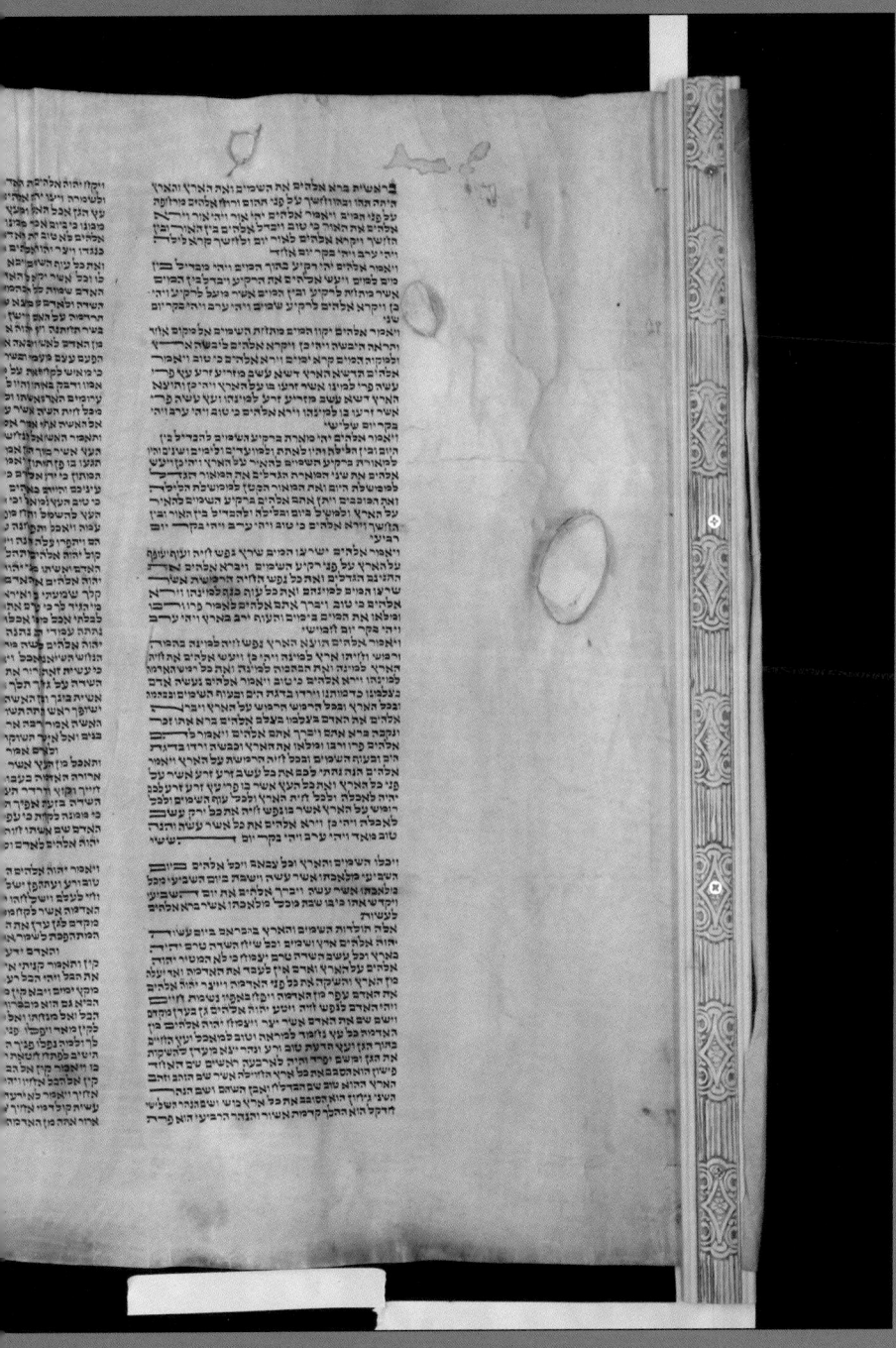

위와 왼쪽: 로지 토라를 펼친 장면과 말아 놓은

아래: 이집트인의 매장용 마스크

이제까지 미공개된 7가지 파피루스 조각
– 연대기가 A.D. 350년의 오래 전 시기에 기록된 것으로 추측된다.

마태복음 6:33

마태복음 7:4

예레미야 33:24

갈라디아서 4:17

마가복음 15:9

요한일서 2:21

요한복음 14:28

2013년 12월, 증거 발견하기 행사
(Discover the Evidence Event)
– 고대 유물에서 파피루스 조각들을 현장에서 추출했다.

2013년 12월, 증거 발견하기 행사(Discover the Evidence Event)
– 조심스럽게 파피루스 조각을 추출한 다음 적힌 글을 확인하는 장면

성경은 그것의 발행 부수에 있어서 유일하다.

모든 저자는 자기 책이 **뉴욕 타임스**의 베스트셀러 목록에 올라갔으면 하고 바란다. 한 책이 십만 권정도 팔리기가 쉽지 않고, 백만 권이 팔리는 것은 거의 기적에 가깝다. 그러나 성경은 전혀 다르다. 성경 보급의 수효는 현재 수십억 권에 달한다! 역사상 성경과 쪽 성경의 그 어마어마한 발행부수에 필적할 만한 책이 없다.

세계성서공회의 보고에 따르면, 그들이 2012년 한 해에만 유통한 성경전서는 23,100,000권이고, 쪽 성경은 372,000,000권 이상이라고 한다.[4] 성경은 그 발행 부수에서 실로 유일하다.

성경은 시대, 박해, 비판 가운데 나타난 그것의 생존력에 있어서 유일하다.

성경을 기록하는데 사용한 재료는 쉽게 썩는 재질이었기에, 인쇄술이 발명되기까지 오랜 세월에 걸쳐 거듭거듭 복사해야 했다. 그런데 구약과 신약 모두 그렇게 오랜 세월이 지났음에도 불구하고 역사 속에서 생성 소멸했던 다른 책들과는 달리 지금까지 생생하다. 다른 고대 문헌과 비교했을 때, 성경은 현존하는 고전 문학의 사본 전체를 합친 것보다 훨씬 더 많은 숫자의 고증을 거친 사본이 존재한다.[5]

성경은 시간의 흐름뿐만 아니라, 엄청난 박해를 받았음에도 그 생존력을 발휘한다. A.D. 303년에, 로마 황제 디오클레티아누스는 크리스천의 예배행위를 금하고 성경을 박멸하라는 칙령을 공포한다. "황제의 칙령을 전국에 반포하노라. 지상의 교회는 모두 파괴하고 성경은 불태워 파기하라. 집안에 성경을 둔 고위 관직 자들은 삭탈관직 하여 모든 권한을 빼앗고, 만일 기독교 신앙을 포기하지 않으면, 그들의 자유권도 박탈하라."[6]

이 사건의 역사상 유명한 반전을 4세기 기독교 사학자 유세비우스가 기록으로 남겼다. 그의 글에 따르면 디오클레티아누스가 포고령을 내린 후 25년이 지났을 때, 로마 황제 콘스탄티누스가 정부 예산으로 성경 사본 50개를 복사하도록 황명을 내린다.[7]

성경 복사본이 최초로 필사된 이래, 성경을 없애려는 시도가 지금까지 계속된다. 그러나 하나님의 말씀은 널리 보급될 뿐만 아니라 수가 급증한다. 18세기 프랑스의 작가이며 무신론자로 명성이 자자했던 볼테르는 당대 백 년 안에 기독교는 그저 역사책의 각주에나 나올 거라고 예언했다. 볼테르는 아주 오래 전에 갔지만, 하나님의 말씀은 수세기에 걸쳐 오늘날까지 생생하게 살아있다. "모든 육체는 풀과 같이 마른다"고 하면서 사도 베드로는 이사야 선지자의 글을 인용하며 이렇게 적는다. "오직 주의 말씀은 세세토록 있도다"(벧전 1:24~25).

성경이 지나온 세월의 발자취를 돌아보면 그것을 밟아 뭉개려고 무진 애를 썼던 자들의 패역을 묵묵히 견뎌냈다. 성경은 그 어떤 호된 비판도 이겨냈다.

19세기의 학자이며 저술가인 H. L. 해스팅스는 성경이 불신자와 무신론자의 온갖 공격에도 꺾이지 않고 견뎠던 그 독자적인 특성을 이렇게 강력하게 설명한다.

> 1,800년 동안 불신자들이 이 책을 반박하고 뒤엎으려고 시도해 왔으나, 오늘날 성경은 마치 바위처럼 요지부동인체 견고히 서 있다. 오늘날 과거 그 어느 때보다 성경의 발행 부수가 증가하고, 그것을 훨씬 더 많은 이가 사랑하고, 소중히 여기며, 애독한다. 불신자들이 퍼부어대는 맹공격으로, 도리어 이집트의 피라미드를 정으로 다듬는 사내처럼, 이 책에 더욱 공을 들여가며 감명을 받는다… 만일 이 책이 하나님의 책이 아니었다면, 인류는 그것을 아주 오래전에 벌써 해치워버렸을 것이다. 황제들과 교황들, 왕들과 사제들, 군주와 치리자들, 이 모든 자가 성경에 감히 손을 대려 했다. 그들은 죽었고 성경은 여전히 살아있다.[8]

신학자이며 변증가인 버나드 램은 성경이 어느 정도까지 비판을 받았는지 이렇게 말한다.

지금까지 사람들이 그렇게 쪼아대고, 난도질하고, 철저히 파 헤집고, 비난해 온 책은 없다. 철학, 종교, 심리학, 고전 또는 근현대 문학을 통틀어 그 어떤 책이 성경처럼 총공격을 받은 것이 있는가? 때론 독설과 무신론으로, 때론 철저함과 박식함으로, 그 모든 장과, 행간과 교리에 대하여!

성경은 여전히 수많은 사람들에 의해 사랑받고, 읽히고, 연구되고 있다. [9]

수천 년 이상, 시험대에 올려놓고 흔들어 댔지만 그런 시대와 박해와 비판 속에서도 여전히 생존력을 발휘한 책은 이 유일한 성경밖에 없다.

하지만, 실없는 소리를 한마디 하고 싶다. 비록 성경일지라도, 유일하다는 이유만으로 그것이 곧 진리가 되는 것은 아니다. 그래서 다음 단원에서, 나는 당신과 함께 성경이 정말로 진리인지 확인하기 위한 탐사 여행을 떠나려 한다. 우리는 하나님의 활력 있는 말씀의 부정할 수 없는 신뢰성을 탐구할 것이다. 이성적으로 하나님의 말씀에 대한 신뢰성을 동의할 수 있어야 그것의 저자와 그 속에 담긴 우주적 진리를 믿는 신앙이 진정으로 심화한다.

2부

성경의 신뢰도

9장

인쇄술 이전

인쇄술 이전

　모차르트가 곡을 쓰기 훨씬 오래전, 마르틴 루터가 개혁을 시작하기 전, 아이작 뉴턴이 물리학의 기본 법칙을 발견하기 전, 크리스토퍼 콜럼버스가 인도를 향해 항해하다가 대신에 아메리카를 발견하기도 전, 1400년대 중반에 폴란드의 어느 작은 도시에 있던 한 가난한 유대인 공동체를 떠올려 보자. 이 변변치 못한 공동체에 수세기에 걸쳐 파문을 일으킬 엄청난 일이 일어난다. 그 사건은 아마 이런 식으로 벌어졌을 것이다.

　자정께 유대인 사본 필사자 바룩은 급하게 문 두드리는 소리에 깜짝 놀랐다.

이 야심한 시간에 찾아올 사람이 없을 텐데?

바룩의 심장은 해머같이 둥당거리기 시작했다. 경계하며, 머뭇거리다가, 문을 열었다… 그리고 시커먼 것이 집안으로 갑자기 난입하자 화들짝 놀라 뒤로 물러섰다.

"모세!" 바룩은 그가 누군지 알아보고 소리쳤다. "뭔 일이 잘못되었어? 이 늦은 시간에 이 곳에 어쩐 일이야? 돈벼락이라도 맞은 사람처럼 히죽거리는 이 표정은 또 무엇이야?"

"바룩, 인증되었어요!" 모세는 감탄의 소리를 내질렀다. "당신에게 말해주고 싶어서 도저히 기다릴 수 없었어요."

모세의 흔쾌한 기분이 즉시 바룩에게 전달되었다. 그는 모세가 무슨 말을 하려는지 정확히 알고 있었다. 수 주간에 걸쳐 학수고대하던 소식을 친구가 보냈다. 바룩이 일 년 넘게 필사했던 토라(율법서)를 랍비가 바르다고 인증했다는 전갈이었다. 그가 필사했던 창세기부터 신명기까지 304,805개의 글자는 랍비의 인증을 얻기까지 그저 예술 작품 수준에 불과할 뿐이다.

그 주간의 **샤바트**(Shabbat, 유대교의 안식일) 때에, 바룩은 그 작은 마을의 회당에 모인 이들에게 강연했다.

그 토라를 가리키며 "여러분 모두에게 이 사실을 전하게 되어 자랑스럽습니다"라며 입을 열었다. "드디어 우리의 이 새로운 토라가 완성되었습니다! 랍비께서 이것을 인증해 주셨습니다." 유대인 회중은 즐거워 어쩔 줄 몰랐다.

550년도 훨씬 더 지난 지금 이 같은 장면을 떠올리는 것이 나에게는 어렵지 않다. 나 역시 바로 그 토라의 귀퉁이를 만졌을 때, 격하게 흥분된 감정을 감출 수 없었다. 지금 나는 그 토라의 소장자이다. 좀 더 정확하게 말해서 나는 보관인이다. 그것은 단순히 중세에 필사한 히브리어 성경 사본의 일부가 아니라 유일하고 완벽한 토라(구약의 처음 다섯 권의 책을 부르는 유대인의 용어) 사본이다. 2차 세계 대전 동안 나치의 치하에서 고통 받고 죽임당한 폴란드 로지시(市)의 230,000명이 넘는 유대인의 영예를 기리기 위해서 나는 그 사본을 로지 토라(Lodz Torah)라고 명명하였다.

그 당시에, 로지는 폴란드에서 두 번째로 큰 도시였다. 전란을 겪는 동안, 그 도시의 유대인 구역은 로지 게토(Lodz Ghetto)라고 알려진, 독일의 유럽 점령기에 가장 큰 유대인 수용소였다. 이 고대 두루마리는 폴란드에 거주하던 20세기의 유대인들이 수세기에 걸쳐 보관해 오면서 회당에서 꾸준히 낭독하던 사본이다. 나는 그토록 오랫동안 하나님의 말씀을 공경의 마음으로 대하면서 혹독한 핍박에서도 그것을 보존해 온 분들을 추억하면서 그것을 로지 토라라고 이름 지은 것은 정말로 잘한 일이라고 생각한다. 그런데 이 두루마리를 입수했을 때만 해도, 나는 내가 얻은 이 물건의 희귀성을 전혀 알지 못했다.

이 토라는 A.D. 1450년에서 1500년대까지 그 연대가 올라갈 뿐만 아니라, 그것을 필사한 방법 때문에라도 희귀성이 크다. 전대의 모든 필사자와 마찬가지로, 로지 토라는 각 사본을 매우 신중하게 처리하면서 그대로 베껴 쓰는데 능숙했던 여러 명의 소페르(sofer, 서기관)가 필사한 희귀본이다. 고대의 모든 서기관은 성경 사본을 손으로 정성껏 본을 뜨듯 필사하는 것에 큰 자부심을 느꼈다. 그런데 특히 유대인 서기관들에게는 특별한 구석이 있었다. 이 서기관들은 엄격한 원칙과 법칙에 따라 구약 성경의 모든 부분을 꼼꼼하고 정확하게 필사하는 일에 전념하였다.

유대인 서기관들의 특별한 규준과 작업 방식을 B.C. 5세기에서 3세기 사이의 유대인 학자들 집단에서 정하였다. 그들을 **소페림**(Sopherim)이라고 불렀는데, 히브리어로는 "서기관들"이라는 뜻이다. 자로 잰 듯 정확하게 세운 규칙을 엄격하게 지키며 필사했던 소페림의 전통을, A.D. 100년에서 500년 사이에 거룩한 본문들을 보존하고, 해석하고, 주석하던 탈무드 필사자들이 그대로 답습했다. 그 전통을 이어받은 탈무드 필사자들이 그 역할을 매우 잘 감당했는데 이들은 마소라 편집자(A.D. 500~900)라는 이름으로 우리에게 훨씬 더 잘 알려져 있다.

엄격한 원칙으로 작은 부분까지 면밀하게 살피던 이들 유대인 필사자들의 열심 덕분에 원판 사본과 아주 똑같게 성경 필사본을 복제할 수 있었다. 능숙한 필사자들이 철저하게 규칙을 지키고, 절차를 따르며, 방식을 고수하고, 반복해서 점검하였다는 것을 확증한 끝에 비로소 완벽한 토라 사본으로 인증하였기에 원판 사본과 정확하게 일치할 수밖에 없었다. 로지 토라를 복제한 필사자도 하나님의 호흡으로 된 말씀을 필사할 때 이런 엄격한 규칙을 매우 잘 알고 그대로 따랐다.

정확한 로지 필사자(Lodz Scribe)의 사례

로지 토라(Lodz Torah)는 36장의 송아지 가죽피지 또는 판에 기록했다. 전부를 밀어서 펴면, 길이가 22m가 넘는다. 보수된 한 군데만 빼면 전반적으로 놀랄 정도로 상태가 좋다.

원래 이 토라를 보관하던 유대인 관리자들이 워낙 생활이 쪼들리다 보니 손상된 그 부분을 새로 필사할 비용을 마련하지 못했다. 그렇게 여러 해를 지내다, 그것을 수선하기 위해 필사자들을 고용했고, 몇 군데를 교정하여, 완벽한 상태로 그것을 보존하기 위해 잉크를 덧칠했다.

[희미해 진 글자에 잉크를 덧칠하기]

보통, 새롭게 완성했어도 둘둘 말아서 보관해야 하는 두루마리 형태에서는 히브리어 글자가 퇴색하여 희미해진다. 로지 토라에는 오래된 완성본 토라 치고는 범상치 않게 그런 부분이 없다. 내가 습득한 필사본에는 세월로 보나, 제작된 지역으로 보나, 초기 필사의 전통을 그대로 사용한 것으로 보나, 또한 여러 내적인 요소로 보나, 세계 곳곳에 널리 분포된 개인 소장의 각종 히브리어 두루마리에서 흔히 볼 수 있는 증상이 안 보인다.

일단 그 필사본의 뒷면을 자세히 살펴봤고 전체적으로 분석해 본 후, 나는 이 유일하고 놀라운 보물을 사야겠다고 마음먹었다. 나는 이 보물을 세상에 널리 알려야 한다는 책임감을 깊이 느꼈다. 이 두루마리의 존재만으로도 하나님께서 그분의 말씀을 어떻게 그리고 왜 보존하시는지에 대한 중요한 메시지가 된다.

현존하는 로지 토라는 대략 550년 전 한 헌신적인 아슈케나지 (Ashkenazi, 중부-동부 유럽 유대인 후손) 필사자가 대부분 자진해서 제작한 것이다. 그 가운데 몇 장은 세월이 지나면서 네 명의 다른 필사자가 복원했다. 이 필사자들은 한 가족이거나 서로 아주 가깝게 지내던 친인척이었던 것으로 보인다. 한 세대에서 다음 세대로 이어지며 그들은 세심하게 하나님의 말씀을 지켰다.

나의 이야기에서 15세기 필사자로 거명한 바룩은 성경을 복사하는 데 사용한 가죽들과 잉크를 준비하는데도 유대 전승과 요구를 엄격하게 준수한 사본 필사자였다. 그는 신앙심을 가진 학자로서 자기가 소속한 공동체를 매우 소중하게 받들며 엄격하게 훈련받았으며, 높은 수준의 노련미를 갖춘 열성적인 전문가였음이 분명하다. 그의 작업은 눈을 혹사하며 등골 빠지는 일이었다. 일을 마칠 때까지 책상 위에 등을 활처럼 구부리고, 촛불이나 호롱불이 희미하게 비치는 방에서 공들여 성경을 필사했다.

바룩은 재능이 있었고, 훈련되었으며, 하나님의 말씀을 극히 공경했다. 이 각별한 토라를 제작하기 위해 공인된 중세 히브리어 사본을 놓고 한 글자씩 복사를 떴다. 필사자로 승인되기까지, 바룩은 정확도를 확인받기 위해 사천 개의 각기 다른 율법 구절과 성경 필사의 원칙을 구술로 답변할 수 있도록 암기해야 했다. 사본을 베끼는 이런 규칙 가운데 하나라도 놓치면 그 거룩한 본문을 복사할 자격을 얻을 수 없다. 바룩이 이 엄청나게 중요한 과업을 어떻게 진행했는지 살펴보자.

처음에, 바룩은 유대인 도살업자에게 율법적 규칙에 맞춰 정결한 동물의 가죽 구입하고, 시장에서 보리 잎을 산다. 그런 다음 가죽을 직사각형으로 자른다. 이 가죽 판을 하나씩 보리 잎이 담긴 물속에 흠뻑 젖도록 담근다. 이는 가죽은 부드럽게 만드는 과정으로서 필사자가 털과 각질을 쉽게 제거하기 위한 작업이다.

털을 깎기 전에, 바룩은 가죽을 몇 차례의 공정을 더 거쳐 부들부들 아주 쉽게 휘어지도록 만든다. 그는 또한 숲에 들어가서 오배자(gallnut)라고 알려진 물질을 채집한다. 이는 특정한 나무(떡갈나무나

졸참나무 같은)의 줄기에서 자라는 식물의 혹으로 양질의 타닌 성분이 함유되어 있다. 외과 수술에 사용해도 될 정도로 아주 예리한 칼로 나무 표피에서 오배자를 잘라 봇짐 가득히 채취한다.

[오배자]

필사자들은 수천 년 동안 나무에서 오배자를 채집했다. 이 "오배자"는 필사용 가죽 판을 만드는 정밀한 과정에서 매우 중요하다. 필사자가 펄펄 끓는 물에 약 여섯 시간 동안 오배자를 넣고 삶으면, 거기에서 가죽을 처리할 산성 화학물질인 타닌이 적출된다. 이런 무두질 과정으로 가죽은 글씨를 쓸 수 있는 부드러운 상태가 된다. 그런 후 필사자는 가죽 하나하나가 완전히 매끄럽게 될 때까지 모래로 계속 문지른다. 그렇게 여러 날을 작업해야 글씨를 쓸 수 있는 가죽 판이 된다.

일단 바룩은 가죽들을 균일한 크기의 직사각형으로 정성들여 가지런히 다듬고 나면, 각 판의 테두리를 따라 작은 핀 구멍들을 낸다.

그는 조심스레 대략 이쑤시개 크기의 작은 장부 맞춤 핀을 각 구멍에 꼽는데, 이는 가죽에 균형 잡힌 세로줄과 가로줄의 격자를 표시하기 위한 것이다.

그런 다음, 장부 맞춤 핀 이쪽에서 저쪽으로 각각 실을 수평으로 팽팽하게 건다. 그 실들을 따라 둔탁한 칼로 가죽이 잘리지 않을 정도로 주의해서 가로줄을 표면에 낸다. 이는 행을 내려쓸 때 줄을 분간할 수 있도록 가죽에 섬세하게 내두는 표시이다. 가죽 전체에 가로줄을 그은 다음, 똑같은 과정으로 세로줄도 낸다. 이로써 하나님의 말씀을 기록하는데 들어가는 304,805개의 글자를 한 개도 **빼놓지 않고** 다 필사하기 위한 완벽한 격자가 완성된다.

서구 사회에서는 글자를 줄 위에 기록한다. 그 대신에 바룩 등 모든 유대인 필사자는 글자들이 줄에 매달린 듯 적는다.

달리 말해서, 필사자는 글자를 줄 아래 적었고, 또한 항상 오른쪽에서 왼쪽으로 기록한다. 줄 아래 적는 이런 기록 방법은 두루마리를 펼쳐보면 알겠지만, 21세기의 사람들과는 쓰는 방향이 거꾸로다.

격자는 필사자에게 매우 중요하다. 두루마리에 글자를 쓸 때, 삐뚤빼뚤 해지는 것을 방지할 수 있다. 이는 각 글자를 필사할 때 훨씬 더 정확하게 옮겨 적을 수 있게 한다. 이는 성경을 읽는 사람이 각 글자를 정확하게 독경할 수 있을 뿐 아니라, 각 단어를 제대로 발음할 수 있게 한다. 바룩은 선대의 유대인 필사자들과 마찬가지로 모든 글자를 완벽하고 분명하게 재현해야 한다는 중차대한 책임감을 느꼈다. 이런 목적을 달성하기 위해 격자에 맞춰 글자를 하나씩 적어 넣는 것은 주효하다. 그는 하나님이 하신 말씀을 잘못 필사하면 잘못 읽거나, 잘못 발음할 수 있어, 최악의 경우 하나님께서 자기 백성에게 그분과 그분의 방법에 관해 알려 주시고자 했던 것을 그릇되게 해석하고 틀리게 이해할 수 있다는 것을 잘 알았다.

일단 각 판에 완벽하게 표시하는 일이 끝나자, 바룩은 코셔(Kosher, 정결함) 송아지 다리의 아킬레스건(힘줄)을 소금에 절여서 만든 실로 가죽들이 하나로 연결되도록 꿰매어 묶었다. 이런 과정을 거쳐 22m나 되는 두루마리가 완성된다.

바룩의 다음 과제는 필사용 잉크와 깃펜들을 준비하는 것이다. 그가 적어야 할 글자는 304,805자였고, 그것들이 서로 맞닿지 않도록 해야 한다는 것을 상기했다. 이는 이 아름다운 토라를 완성하려면 일 년 이상 그가 촉각을 곤두세우고 세심한 주의를 기울여 작업에

임해야 한다는 뜻이다.

바룩은 깃펜을 만들기 위해서 거위 털을 수집했다. 대개 거위 털을 선호했던 이유는 그것이 다른 깃털보다 튼튼했고 뾰족함이 비교적 오래 유지되기 때문이다. 깃펜의 예각이 빼어날수록 잉크의 번짐과 각 글자가 서로 맞닿을 가능성이 그만큼 줄어든다. 혹시 이런 두 가지 경우 중 하나라도 불상사가 생기면, 그것은 오류라서 반드시 교정해야 한다.

예리한 깃펜 이외에도, 바룩이 사용할 잉크 제작도 매우 결정적으로 중요한 작업이다. 또다시 오배자가 잉크 제작에 쓰인다. 그는 오배자를 으깨어 얻은 액체를 몇 가지 재료와 배합하여 변색이 없는 진한 잉크를 만들었다.

우리가 언급했듯이 상태가 나빠져서 색이 바래지기 시작한 토라 두루마리는 보통은 "퇴역"을 시키는데, 따로 모아서 훗날 불에 태웠다. 일단 그것을 목재로 만든 **게니자**(genizah)라고 하는 특별한 보관 창고에 둔다. 그런 다음 공인된 새로운 토라 필사본을 회당용으로 사용하였다. 랍비들은 흐릿한 글자 때문에 잘못 발음하거나 잘못 읽거나 그릇되게 해석하는 모험을 감행하려 들지 않았다.

그런데 아슈케나지 유대 필사자가 복사한 로지 토라에는 이런 규칙이 적용되지 않았다. 수세기에 걸쳐 세월이 흐르는 동안 그것은 최고 권위를 유지했다. 그러다 사건이 터졌는데, 잉크색이 부분부분 주황색으로 바뀌어 갔다. 일반적으로 그렇게 되면 게니자에 넣게 마련인데, 이 특별한 유대인 공동체가 새로운 사본을 제작할 형편이 여의치 않자, 필사자들을 고용하여 흐릿해진 글자들에 잉크를 덧칠했다.

이 토라 덕분에 중세 시대에는 옛날의 토라를 어떤 식으로 필사했는지 환히 알 수 있었다. 그 필사자가 지켰던 중세 후기의 다양한 필사 방식을 확인할 수 있었다. 당신은 오직 중세 시대에만 사용되던 곱실한 머리 모양의 글자들과 나선형으로 돌돌 말려 있는 매우 많은 글자를 볼 수 있다. 이 토라는 또한 초기 형태의 본문 배치 전통을 그대로 간직하고 있다. 그것은 각 세로 단마다 줄의 폭과 수를 다양하게 한 후대의 양식을 따르지 않았다.

A.D. 1450년 이후 후대의 필사자들은 때때로 이 두루마리에 표기들과 "교정부호들"을 만들어 넣었던 것을 볼 수 있다. 그들은 본문 배치 방법과 특별한 모양과 형태로 각 글자를 정확하게 쓸 수 있도록 바른 철자법을 정립하여 일관성을 꾀하였다. 심지어 어떤 글자를 쓰는데 깃펜에 묻혀야 할 잉크 양까지 세밀하게 정하였다. 중세 초기의 전통적인 쓰기 방식들을 바로잡기 위해서 필사자들이 훨씬 더 새롭고 엄격한 기준들을 적용하려고 애썼다는 것을 알 수 있다.

이 토라를 읽은 후대의 랍비들에 따르면, 처음으로 돌아가 그 거룩한 말씀의 원판을 만난 듯 확실하게 이해할 수 있었다고 한다. 그것을 보관함에서 꺼내는 것을 회중들이 보았을 때, 그것이 꽤 오래되었다는 것을 단번에 알아봤다. 이 토라가 어떻게 한 세대에서 다른 세대로 대물림하였는지 그에 얽힌 숱한 이야기가 있다는 것을 느꼈다. 사람들은 마음속으로 성경은 역사적으로 정말 오랜 전통을 가진 책이라는 것을 실감하는 것 같았다.

심지어 가장 작은 글자들도 명확하게 보였다

히브리어 본문(구약)의 모든 말씀과 글자는 신약 성경과 마찬가지로 중요하다. 사도 바울은 분명하게 "율법이 우리를 그리스도께로 인도하는 초등교사가 되어"(갈 3:24)라고 말한다. 예수님은 친히 **자기가** 구약의 약속과 예언을 완성하셨다는 것을 명확하게 밝히셨다. 그것은 그분이 구약을 폐하러 오신 것이 아니라는 의미이다. "내가 율법이나 선지자를 폐하러 온 줄로 생각하지 말라 폐하러 온 것이 아니요 완전하게 하려 함이라"(마 5:17). 토라는 인간이 얼마나 하나님을 대적하여 죄를 지었는지, 그 죄로 인하여 인류에게 무슨 일이 벌어졌는지 자세하게 설명한다. 그것은 또한 단번의 희생 제사로 말미암아 죄를 처리하는데 필요한 공의가 완전히 충족된다는, 하나님과 아브라함 사이에 맺은 구속의 언약이 연대순으로 적혀있다. 예수님은 그 완전한 희생양으로 오셨다(히 3~10장 참조).

예수님은 우리가 의심의 그늘에서 벗어나 그분이야말로 하나님의 율법의 완성이며 그분의 말씀은 아주 세세한 부분까지 영원하다는 확신을 가지기 원하신다. 그래서 그분께서 "진실로 너희에게 이르노니 천지가 없어지기 전에는 율법의 일점일획도 결코 없어지지 아니하고 다 이루리라"(마 5:18)라고 하셨다. 이런 선포가 어느 정도까지 섬세하리라 생각하는가?

점(jot)이란 히브리어 자음에서 가장 작은 글자이다. 그것은 흰색 상자에서 첫 번째로 보이는 글자처럼 두툼한 쉼표 같이 생겼다.

[점과 획]

획(tittle)은 작은 장식용 박차 모양으로 생겼는데 흰색 상자의 글자들 위에 솟아있는 작은 머리털 모양으로 글자 밖에 삐죽하게 나와 있는 것을 가리킨다. 다섯 개의 획이 모여 있는 것을 "크라운"(crown, 왕관)이라고 부르는데 종종 어떤 단어들을 장식할 때 사용한다.

하나님의 목적을 다 이루기 위해 인간의 역사 속에 들어온 말씀이라는 진리를 강조하기 위해, 예수님은 일점일획도 절대 없어지지 않으리라고 말씀하셨다. 그분의 진리는 영원하며, 우리에게 하신 그분의 약속은 다 이루어진다.

극히 작은 글자와 단어에 달린 매우 가는 장식을 보라. 그것들을 보존하기 위해서 어떤 식으로 잉크를 다시 칠했을 것 같은가? 이 두루마리 전체에서 하나님이 어떻게 대단히 놀라운 방법으로 가장 작고 미세한 부분까지 보호하셨는지 볼 수 있다. 그것들은 예수께서 확신시켜 주신바, 그분의 말씀은 영원하며 믿을만하다고 하신 강력한 진리를 생각나게 한다.

모세는 이스라엘 자손에게 "네 하나님 여호와를 경외하여 그를 섬기며"(신 10:20)라고 말한다. 하나님을 경외한다는 것은 그분을 두려워하는 자가 되어, 그분을 공경하고 자기 백성에게 자비와 은혜를 보이시는 전능하신 하나님으로 그분을 예배한다는 의미이다. 그런 외경심에서 나오는 숭상은 필사자들이 중대한 의무감으로 한 세대에서 다음 세대로 성경을 전수하기 위해 수행했던 그토록 정밀하고 정확한 작업 방식에 분명히 드러나 있다.

우리의 필사자인 바룩을 상상해 보면, 그는 자리에 앉아서 로지 토라를 필사하는 엄청난 과업을 시작한다. 전형적인 유대인의 전통에 따라, 그는 새로운 깃펜을 갓 준비한 잉크에 찍어 글씨를 쓰기 전에 그 각 단어를 큰 소리로 읽는다. 그는 자기가 받은 훈련대로 단어 하나하나를 정확하게 발음하면서 글자를 하나씩 정확하게 모사한다. 잉크로 쓴 다음에는 마를 때까지 단 한 글자도 손대서는 안 된다.

성경에 제일 처음 나오는 단어를 문자로 쓰고자 할 때, "태초에"라고 크게 말한 다음 공을 들여 정확하게 필사한다. 그런데 **태초에**로 시작되는 문구의 마지막 글자를 완성하기 전에 바룩은 멈춘다. 본문에서 다음에 나오는 단어는 **하나님**인데, 그러면, 마소라 필사 전통에 따라, 깃펜을 내려놓고 손을 결례에 따라 씻고, 자신을 정결하고 거룩하게 한 다음 성스런 이름을 기록하기 위해(따로 마련한) 잉크를 사용한다. 그런 후에야 하나님을 뜻하는 **엘로힘**(Elohim)이란 글자를 적는다.

비교적 오래된 서기관들의 전통 가운데 하나는 그들이 사용했던 깃펜의 촉에는 너무도 많은 잉크가 묻어있어서 그것을 직접 하나님의 이름을 기록해서는 안 된다는 것이다. 하나님의 이름은 과도한 잉크로 얼룩이 지거나 번지면 절대로 안 되었다.

바룩은 이러한 전통에 따라 새로운 깃펜을 선택하여 그것에 잉크를 찍어 **태초에**로 시작되는 문장 다음에 정성들여 하나님의 이름을 기록했다.

[엘로힘]

그는 부드럽게 한 글자씩 떼어서 쓰면서 글자끼리 서로 맞닿지 않도록 조심했다. 그는 그 영화로운 이름을 다 완성하기 전까지 머리를 치켜들면 안 되었다.

그런 공경, 그런 두려움, 그런 경외심으로 이 필사자는 하나님의 거룩한 말씀을 복사하였다. 하나님의 이름을 적기 위해서 특별한 의식을 행함으로 경의를 표할 뿐 아니라, 바룩은 자기가 필사한 모든 글자를 정확하면서도 어떤 경우라도 절대 글자끼리 맞닿지 않도록 해야 했다. 하나님의 말씀으로 구성된 본문은 진실로 바룩에게는 성스러운 것이었는데 이는 마소라 전통을 따르는 다른 필사자들도 마찬가지였다.

히브리어 알렙벳(히브리어 알파벳)에는 22개의 글자가 있다. 필사자들은 각 단어를 어떻게 완벽하게 써야 하는지 특별한 지침에 따른다. 예를 들어, 점이라고 했던 요드는 알렙벳에서 가장 작은 크기의 글자이다.

[요드]

요드는 반드시 오른쪽 위에서 조그만 다리 모양으로 시작해서 왼쪽 아래 방향으로 끝이 살짝 올라가도록 삐치게 써야 한다. 필사자는 글자의 머리를 아래로 꺾어 왼쪽으로 약간 내리써야 하는데, 마치 작은 가시가 아래쪽을 향하는 듯한 모양새이다. 그런데 그 가시 모양은 오른쪽 위의 다리 모양보다 짧아야 하며, 최소한 요드와 닮은꼴인 히브리어의 두 글자(레쉬와 바우)와 헷갈리지 않게 써야 한다. 만일 글자를 이런 식으로 정확하게 쓰지 않으면, 그것은 무효가 되어 지우고 다시 써야만 한다. 바룩이 각 단어를 그처럼 명료하고 완벽하게 쓰려고 했기에, 심지어 어린이라도 그 가장 작은 글자를 잘못 읽는 일도, 그 글자와 비슷하게 생긴 다른 히브리어 글자와 헷갈리는 일도, 그것을 틀리게 발음하거나, 본문의 의미를 그릇되게 해석하는 일도 일어나지 않았을 것이다.

　토라는 성스러움을 그대로 간직하였고, 본문의 거룩성을 훼손하려고 인간이 제멋대로 글자를 고치는 일도 일어날 수 없었다. 회당에서 낭독하는 자는 반드시 완벽하게 세로 단으로 배열된 글자들을 토라손이라는 포인터로 집어 내려가면서 읽어야 했다.

　당신은 우리의 필사자가 종종 맨 끝에 있는 한 단어를 아주 길게 늘여서 적어 놓은 것을 볼 수 있다. 예를 들어, 이 단어의 끝이 가로로 길게 줄로 그려져 있다.

이처럼 글자를 길게 줄로 늘려 놓은 것은 기능상 중요하기 때문이다. 낭독자가 읽는 속도를 늦추어 거룩한 본문의 의미를 충분히 오래 생각해 보도록 하기 위함이다. 필사자들은 성경을 정확하게 복사하려고 했을 뿐 아니라, 또한 사람들이 그 의미를 제대로 해석하기를 바랐다.

다른 기법이 같은 목적으로 구약에서 총 74회 사용되었는데 대부분 시편에 등장한다. 시편 3편 4절에 가장 먼저 등장하는 **셀라**라는 단어가 바로 그것이다. Amplified Bible이라는 영역본 성경은 셀라를 "멈추라, 그리고 그것에 대해 차분히 생각하라"고 번역했다. 달리 말해서, "속도를 늦추고 이것을 묵상하라, 이는 매우 중요하기 때문이다"란 뜻이다.

로지 토라를 복사한 필사자는 또한 낭독자가 멈추도록 하는 또 다른 기법을 사용하였다. 가끔, 그는 이 문장은 매우 중요하다거나 다르게 읽을 수도 있다는 것을 커다란 글자들로 표시할 수 있었다. 이것은 오로지 중세시대에서 전무후무하게 사용되던 필사 방식이었기에 그 두루마리가 언제 제작되었는지 알 수 있는 특징이기도 한다. 이 글자의 독특한 모습을 한번 보라.

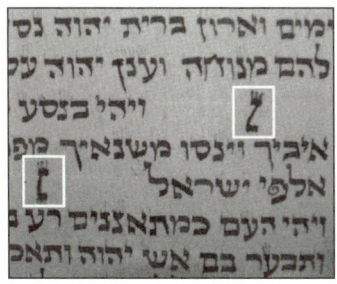
[거꾸로 쓴 눈(Nun)]

히브리어의 알파벳에서 14번째 글자는 눈이다. 그 눈을 거꾸로 써서 글자에 여러 갈래의 획으로 장식해 놓았다. 이 문장은 또 다른 단락에서도 나온다거나, 다른 곳에 있어야만 한다는 것을 지적할 때 사용하였다. 필사자가 독자에게 그 문장이 성경의 다른 단락에 속해야 하지만, 자기는 그것을 그리로 옮겨 적지 않겠다는 것을 말할 때 쓰는 방법이다. 왜인가? 필사자들은 초기의 사본에 적힌 그대로 성경을 정확하게 복사하기 위해 주의를 기울여야 했기 때문이다. 그들은 본래 그것이 있어야 할 자리라고 여겨지더라도 단 한 문장도 그리로 옮겨 적지 않았다. 왜냐하면 그들이 맡은 임무는 낡은 사본에 기록된 그대로 한 치도 틀림없이 새 사본에 모사하는 일이었기 때문이다. 거꾸로 쓴 눈이 표시된 문장을 읽을 때마다 언제나 필사자에게 이 토라를 복사하는 일이 얼마나 중요한 일이었는지 상기하게 된다.

스캇 캐롤 박사는 내가 획득한 성경 사본 조각을 공개하기 위해 우리가 개최한 "증거 발견하기"(Discover the Evidence) 행사에서 강의했다. 그는 필사자들의 실수에 대하여 재미있는 논평을 했다.

> 나는 2주 전에 이스라엘에서 유대인 필사자, 곧 소페르(sofer)로 있는 내 친구와 환담을 하였다.. 내가 이렇게 말했다. "자네는 필사하면서 얼마나 많은 실수를 저지르는가?" 그는 25년째 그 일을 하고 있다. 그가 말했다. "뭐, 필사하면서 실수야 많이 하지만 모두 교정해. 거듭해서 그것을 전부 검토하고 또 검토하지. 내가 놓친 것이 아마 백 가지는 될 거야. 그래서 나는 그것을 한 친구에게 보내. 그러면 그가 40개 이상 또 실수한 것을 발견해! 그런 다음 그것을 컴퓨터에 넣고 재검하면, 스무 군데가 넘게 나와!"
>
> 결국 내가 당신에게 말하고자 하는 가장 중요한 것이 무엇인가? 정말로 오류가 있다는 것일까? 아니다! 그 모든 오류가 다 교정되었다는 것이다!

고대 사회에서 필사자들은 인간이었기에, 그들도 실수하는 것은 우리와 매한가지다. 그러나 극도의 주의력을 가지고 그들은 하나님의 말씀을 복사했으므로 실수는 모두 교정되었고, 정확한 히브리어 본문이 우리에게 전수되었다.

일단 우리의 필사자 바룩은 이 토라의 마지막 단어의 끝 글자까지 쓰기를 마친 다음, 다른 여러 필사자들이나 랍비에게 그것을 검증받아야 한다. 어떤 전통에 따르면 세 명의 다른 랍비가 그것의 정확성을 확인해 줘야만 한다. 이는 22m나 되는 두루마리를 펼쳐서 각 단어(word)와 총 304,805개의 글자(letter)를 일일이 검사하면서 숫자까지 세었다는 의미이다. 하나의 사본을 인증하기 전에, 필사자들과 랍비들은 필사를 마친 사본의 글자(letter) 수가 원 토라와 정확하게 일치하는지 확인한다. 그뿐만 아니라, 그들은 단어(word)의 숫자도 세었는데, 토라의 **정중앙 단어**를 검토해 본다. 정중앙에 있는 단어는 레위기 13장 33절에 나온다. 새로 제작한 두루마리의 한가운데 단어가 33절속에 정확히 맞아 떨어져 있지 않으면, 그 두루마리는 인증되지 않는다.

필사자들은 모든 단어뿐 아니라, 또한 모든 글자도 세어본다. 토라의 **정중앙 글자**는 레위기 11장 45절에 위치한다. 만일 새 두루마리의 정중앙 글자가 45절에 나오면, 필사자들은 자신들이 원 토라를 정확하게 모사했다고 확신했다.

새 토라를 인증하기 위해서, 또한 일반적으로 사용했던 확인 방법은 필사된 사본에서 각 단어가 토라와 정확히 같은 위치에서 시작되는지 살피는 것이었다. 만일 어떤 줄을 필사하는 동안, 필사자는 그 줄에 있어야만 하는 단어가 다음 줄로 밀려나야 할 경우, 그 줄에 그 단어를 두기 위해서 글자 폭을 줄여서 썼다. 하지만 그는 글자끼리 서로 맞닿지 않게 했다. 반대로, 그 줄에 공간이 너무 많이 남을 것 같으면, 그는 마지막 단어의 끝 단어가 왼쪽 가장자리와 정확히 들어맞게 하려고 글자 폭을 늘려서 썼다. 필사자가 모사할 때, 각 줄을 원 토라와 똑같은 단어와 글자로 시작하고 끝내서, 새 필사본이 원본과 완벽히 일치하게 했다. 모든 예방조치를 확실하게 따름으로 말미암아 새로 제작된 토라마다 예전 것을 정확하게 복제하였다.

 몇몇 글자 위에는 점들이 찍혀 있는 예도 있다.

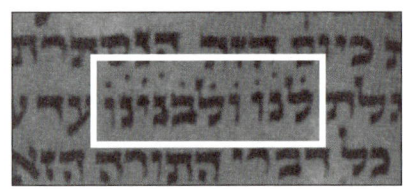

[점들]

 사진에서 흰색 직사각형으로 강조한 부분이 그러하다. 이 문자 위에 점들이 연이어 찍혀 있다. 이것들은 이 문장은 원문에 문제가 있거나 색다르게 주해할 수 있다는 것을 독자에게 경고할 때 쓰는 방법이다. 그렇기는 하지만, 필사자는 그럴 가능성이 있는 문제를 교정할 수 없었고 대신 그것을 좀 색달리 필사했다. 그는 각 글자와 단어를 정확하게 모사할 책임이 있으므로 아주 오래된 사본에 적혀 있는 그대로 필사해야만 했다.

 당신도 알 수 있듯이, 하나님은 히브리어 성경을 위하여 그분의 필사자들에게 경외심을 가지고 공들여 일할 마음을 주셨다. 로지 토라를 조사하다 보면, 하나님의 말씀을 보전하려고 애썼던 희생정신을 느낄 수 있다. 헌신적으로 전념을 기울이고, 세세한 부분까지 과도할 정도로 신경 쓰며, 거룩한 두려움으로 각 글자와 단어를 모사했다. 이런 헌신된 필사자들이 제작한 필사본 덕분에 율법서의 내용이 정확하게 전달되었기에, 당신과 내가, 그리고 우리의 자녀들이 하나님의 올바른 계시를 받아들고 그분을 예배할 수 있다.

다른 보통의 초기 기록물들

로지 토라는 송아지 가죽에 기록했는데, 송아지 가죽(그냥 양피지라고 부르기도 함)은 옛날에 필사자들과 다른 저자들이 사용하던 여러 재료 가운데 하나일 뿐이다. 고대 세계에서 글을 쓰던 다른 재료들은 이렇다.

- 토판(겔 4:1)
- 돌(출 24:12)
- 금속판(출 28:36)
- 파피루스(계 5:1)

송아지 가죽 이후, 파피루스는 초기 사본에서 가장 널리 쓰던 글쓰기 재료이다. **파피루스**(papyrus)는 헬라어인데 영어로 종이를 뜻하는 **페이퍼**(paper)가 여기서 유래했다. 파피루스는 파피루스라는 갈대로 만들었다. 이 갈대는 이집트와 시리아의 호수와 강의 얕은 물에서 널리 분포하여 상당히 많이 서식했다.

파피루스를 글쓰기에 사용하려면, 그 갈대의 껍질을 벗겨서 얇은 두께로 길쭉하고 가늘게 잘라 두드려 편 다음 서로 수직으로 교차시켜 두 개 층으로 쌓아 그 상태로 꽉 눌러 놓는다. 일단 건조가 되면, 일반적으로 그것을 돌로 매끈하게 윤을 낸다.

전형적으로 짐승 가죽으로 여러 장의 판을 만들어 서로 꿰매어 필사용 두루마리를 제작했던 것과 마찬가지로, 파피루스 역시 여러 장의 종이를 연결하여 두루마리로 만들었다. 종이의 끝에 접착제를 발라 서로 붙여서 막대기에 둘둘 말아서 사용했다. 파피루스 종이는 또한 각기 나뭇잎 모양으로 포개서, 마치 지금의 책처럼, 양면에 글씨를 써서, 훨씬 읽기 쉬웠고 부피 또한 크지 않은 차림새였다. 나무를 쌓아놓은 듯한 이것의 차림새를 보고 **코덱스**(codex) 혹은 **책**(book)이라고 불렀다. 오늘날 우리가 사용하는 책의 형태를 띤 그 코덱스의 발전을 촉진하고 널리 퍼지게 하는데 주된 역할을 했던 것이 기독교란 것은 지당한 말이다.

인쇄술이 발명되기 전에, 기록물을 후대에까지 남기려면 손으로 직접 필사하는 수밖에 없었다. 앞에서 이미 말했지만, 구약이나 신약의 원본은 단 하나도 발견되지 않았다. 모세오경, 선지서, 서신서 등 이런 것의 원본을 가리켜 **아우토그라파**(autographa, 저자가 손으로 직접 쓴 것)이라고 부른다. 한 개인의 **아우토그라파**를 손으로 그대로 베낀 것을 **사본**(manuscript)이라고 칭한다. 머지않아, 모든 사본은 그 상태가 악화하는데, 잉크는 흐려지거나 여기저기 떨어져 나가게 되는데, 그러면 새로운 사본이 필요하다.

가장 오래된 두루마리 사본은 B.C. 1500년경 송아지 가죽으로 제작된 것이다.[1] 제일 오래된 파피루스 사본 조각은 연대가 B.C. 2400년까지 거슬러 올라간다.[2] 이집트 사막이나 동굴 안과 같이 건조한 지역을 제외하고, 가장 초기의 파피루스 사본들이 남아있기란 힘들다.

성경 필사본들에 대해 야기되는 실제 질문은 그것들의 재료나 형성 과정이 아니라 그것들의 신뢰성이다. 그렇다, 고대 유대인 필사자들은 정확성을 기하는데 주력했는데, 이는 전수된 사본들의 정확성을 확신하게 한다. 그러나 이것 하나만으로는 절대적인 확신을 하는데 모자란다. 왜냐하면, 현재까지 성경의 원본이 단 한 개도 발견되지 않았기 때문이다. 우리에게 남아있는 것이라고는 한 세대에서 다음 세대로 직접 전달된 사본의 사본의 사본들 뿐이다. 따라서 어떻게 우리가 가지고 있는 오늘날의 성경이 원본의 기록과 전혀 상위 없다는 것을 믿을 수 있는가? 우리가 가진 성경에는 하나님의 대변인들이 원래 받았던 하나님의 호흡으로 된 말씀들이 정확하게 담겨

있다는 확신이 전혀 없는 상태에서, 우리가 읽는 성경이 실제로 하나님이 영감하신 말씀이라는 믿음이 생길 리 없다. 그렇지 않은가?

좋은 소식이 있는데 그것은 바로 우리가 고문서의 신뢰성을 검사해 볼 수 있다는 것이다. 이런 검사을 통해서, 해당 문서의 역사적 정확성과 신뢰성을 얼마든지 실증할 수 있다. 이런 검사에는 어떤 것이 있으며, 성경을 그것에 대입해 보면 어떻게 되는가? 그것이 바로 다음 네 장의 주제이다.

10장

고문서의 신뢰성 검사

고문서의 신뢰성 검사

교실에 빈자리가 없었다. 대학교에 초청된 강사로서 나는 역사학도들에게 담대히 말하기 시작했다. "나는 신약의 신뢰성을 입증할 만한 증거가 고전 문학 작품 십여 권을 쌓아놓은 것보다 훨씬 더 많다고 믿는다."

그 과의 교수가 멀찌감치 강의실 구석에 앉아 있었다. 나의 공개 강좌가 결론에 이를 무렵, 그는 킥킥대기 시작하더니 상당히 크게 비웃는 소리를 냈다. 나는 정면으로 그의 노골적인 거부에 맞서는 것이 최선이라고 판단했다.

"죄송합니다만 교수님"이라며 나는 말을 꺼냈다. "왜 그리 킥킥거리셨는지 물어봐도 되겠습니까?" 그는 주저하지 않고 대꾸했다. "역사학 전공자들에게 신약이 믿을 만 하다고 대범하게 주장하는 것이 이해가 안 돼서 그러네." 그는 경박하게 킬킬 웃으면서 "그것이야말로 어처구니없는 일이지!"라고 덧붙였다.

나는 그의 대립각을 세운 어조나 반응에 당황하지 않았다. 이전에 그런 말을 너무도 많이 들어서 대응할 준비가 되어 있었다. 나는 차분히 의심 많은 그 친구에게 간단한 질문부터 했다. "교수님 역사학자로서 역사적 자료의 정확성과 신뢰성을 고증할 때 어떤 검사법을 적용하는지 제게 말씀해 주시겠습니까?"

수강생들 전체의 시선이 답변을 듣고자 그 교수에게 쏠렸지만, 그는 아무 말도 하지 못했다. 놀랍게도, 신약은 믿을만한 역사적 문서가 아니라고 주장했던 이 역사학과 교수는 자기 주장을 뒷받침해줄 만한 아무런 대책도 없었다. 그는 성경은 믿을 수 없다고 강하게 주장은 하였지만, 그의 소신을 견지해 줄 실제 증거는 하나도 제시하지 못했다.

나는 역사기록학에서 문서의 신뢰성을 따질 때 사용하는 세 가지 기본 원칙을 설명했다. 역사기록학(historiography)에서는 역사적 사건들을 명료하게 조사하고 연구하는 방법과 사료 편찬의 방식을 다룬다. 사료의 신뢰성을 검증하는 원칙이나 검사 종류는 이러하다.

- **서지학적**(bibliographical)검사 : 본문에 담긴 역사적 내용이 정확한 기록인가 고증한다.
- **외적 증거**(external evidence)검사 : 역사적 기록물을 외부 자료만으로 그 진위를 확인하거나 긍정할 수 있는지 고증한다.
- **내적 증거**(internal evidence)검사 : 역사적 기록물이 내적 타당도 검사에도 얼마나 잘 견디는지 고증한다.

성경이나 그 외 다른 고문서의 신뢰성을 판정하기 위하여, 우리는 이런 세 가지 검사를 거친다. 이 검사는 어떻게 하는 것인지 탐구해 본 다음에, 성경을 고증해 보자.

서지학적 검사

이미 말했듯이, 우리는 비단 성경 뿐 아니라, 다른 역사적 문서도 고대 문헌의 저자들이 직접 기록한 원본이 남아있지 않다. 그렇다고 해서 사본들이 필연적으로 신뢰할 수 없다는 의미는 아니다. 아무리 그럴지라도 어떤 사본의 신뢰성을 평가하는 데는 최소한 두 가지 기본적인 질문이 필요하다.

1. 그 문헌의 사본이 얼마나 많이 남아있는가?
2. 원본과 가장 근접한 시대에 필사된 사본 사이의 시간적 간극은 어떻게 되는가?

이런 서지학적 검사는 어떤 문헌의 신뢰성을 판정할 때, 수집 가능한 사본의 수효가 많으면 많을수록 – 즉, 원본과 훨씬 더 가까운 시기에 제작된 사본들 – 그 획득한 문서가 원본과 같다는 확실성이 더욱더 커진다는 현명한 추정에 기초한다. 원본을 복제한 사본이 많으면 많을수록, 그것들의 내용이 서로 일치하는지 좀 더 쉽게 비교해 볼 수 있다. 가장 이상적인 것은 그것들이 모두 정확하게 판박이처럼 일치하는 경우이다. 원본을 복제한 것이라면 가장 초기의 사본이 제일 신뢰성이 높다는 것은 누가 봐도 분명하다. 원본에서 너무도 멀리 동떨어진 시대에 제작된 사본일수록, 복제 과정에서 발생할 수 있는 실수들이 후대까지 거듭되며 모사 되었을 가능성이 크다.

서지학적 검사법으로 어떻게 성경 사본들을 서로 비교하는 것인지 다른 고문서의 사례를 살펴보면 도움이 된다. 이미 지적했듯이, 고대 문헌의 경우(즉, 인쇄술이 발명되기 전 제작된 문헌들), 잃어버리거나 부패하기 쉬운 그 문서를 보존하기 위해서 여러 세기에 걸쳐 반복적으로 복제해야 했다. 하지만 고전적인 복제 작업은 불완전한 부분이 흔하다. 펜에 문제가 있었거나, 모음이나 자음이 빠졌거나, 오자가 났거나 등등 여러 가지 실수가 산재한다. 물론 이런 오류들 또한 대를 이어 복제되면서 그대로 남는다. 이러한 이유로 복제본의 수효가 많을수록 사본들을 대조해 보려는 학자들에게 큰 도움이 된다. 그리고 누차 말하지만, 오래된 사본일수록 훨씬 더 유용하다.

놀랍게도 숱한 고문서 가운데 몇 개의 사본은 오늘날 온전한 형태로 존재한다. 어떤 것은 내가 신약의 파편들을 습득했던 것과 같은 과정으로 지속해서 발굴된다. 여전히, 소수의 사본(혹은 수백 개 정도)에 기초한 고대의 도서가 현대판으로 출간되는데, 그들 전부는 수세기 전에 집필한 원본 그대로이다. 예를 들어, 시저가 쓴 역사 기록물인 갈리아 전기(Gallic Wars)가 그러하다. 그 전쟁은 B.C. 58년에서 B.C. 50년까지 이어졌는데, 그 책의 마지막 권이 완성된 것은 늦게 잡아도 B.C. 44년이다. 여러 해 동안 학자들은 이 사본이 10개만 남아있다고 학계에 보고했다. 오늘날, 그 사본이(집계된 것만) 250개 이상 발견되었는데, 최초의 사본은 A.D. 9세기에 만들어졌고, 다량으로 복제하기 시작한 것은 15세기부터였다. 이는 가장 오래된 복제본이 시저가 전기를 집필한 이후 근 950년이 지났을 때 제작되었다는 의미이다.

이런 고대의 저작물을 가지고 학자들은 시저의 공훈과 전투 전략, 그리고 그 책이 집필된 이후 유럽에 수세기 동안 대단한 영향을 끼쳤다는 것을 서서히 밝혀낼 수 있었다. 예를 들어, 1500년대에 신성로마 제국의 황제였던 카를 5세는 전투 전략을 짜는데 통찰력을 얻기 위하여 이 서책을 연구했다.[1]

유럽에서 인쇄술이 발명된 뒤 얼마 안 지난 1468년에 **갈리아 전기**는 빼어난 고전 작품으로 여겨져 로마에서 출간되었다.[2] 1972년에는 그 작품의 전권이 각 사본별로 원문 배경까지 담아서 편람이 이루어졌고 네덜란드 브릴 학술 출판사(Brill Academic Publishers)에서 출판하였다.[3] 요점은 시저의 **갈리아 전기**는 현존하는 250개 이상의 사본과 그리고 원저와 가장 오래된 복제본 사이의 간극이 950년이란 점에 입각한 서지학적 검사를 거쳐 그 정확성과 신뢰성이 인정되었다는 것이다.

다른 역사적 고문서 복제물들의 경우 비록 증거력 있는 사본의 숫자가 그보다 훨씬 적었어도 서지학적 검사를 무난하게 통과했다. 예를 들어, 현대판 리비우스의 **로마사**는 원저와 사백 년에서 천 년 정도 떨어진 연도에 제작된 사본들에 근거하였는데, 5세기 초의 사본 90개와 한참 후대에 제작된 60개의 복제본이 전부이다.[4]

B.C. 460년에서 400년 사이에 살던 투키디데스가 쓴 **펠로폰네소스 전쟁사**는 주로 초대교회 시대에 작성한 엄청나게 많은 파피루스 파편과 A.D. 900년경에 처음으로 제작된 것으로 보이는 8개의 완전한 사본에 근거한다.

고대 그리스 역사가가 집필한 헤로도토스의 **역사**라는 책의 사본으로는 49개의 파피루스 파편과 A.D. 1세기에 작성한 몇 가지 양피지 사본이 전부이다.[5] 지금은 고인이 되었지만, 영국 맨체스터 대학교의 성경 비평학 교수를 역임했던 F. F. 브루스는 이들 작품의 신뢰성에 대해 이렇게 옹호하였다. "고대 그리스 로마 전문가 중에 헤로도토스나 투키디데스가 쓴 작품의 신빙성에 토 다는 것을 본 적이 없다. 우리가 고증하는데 사용하는 그들의 작품에 대한 최초의 사본들은 원본에서 기껏해야 약 1,300년 정도밖에 간극이 벌어져 있지 않기 때문이다."[6]

이들 고대 문헌에서 나온 빈약한 증거로 고증 작업을 할지라도, 학자들은 얼마든지 이 첫째 검사를 통해 과연 원전을 그대로 필사했는지 어떤지 그 신빙성과 정확성을 판정할 수 있다고 확신한다.

외적 증거 검사

학자들이 고문헌의 신뢰성을 평가하는데 도움이 되는 두 번째 검사는 외적 증거 검사인데, 이것으로 여타의 역사적 자료들이 해당 문서의 내적 증거와 일치하는지 불일치하는지 결정한다. 달리 말해서, 해당 문서를 제외해 놓고 다른 문헌 자료들로 그것을 분석해 보면 그 정확성, 신뢰성, 진위성이 분별되지 않겠는가?

예를 들어, 다른 고대의 저자가 시저의 **갈리아 전기**의 문장들을 인용할 수도 있을 터이고, 별개로 발발한 전쟁을 언급할 수도 있다. 이런 외적 증거로 우리는 과연 실제로 일어났을까 의문시되는 사건들을 검증할 수 있고, 문헌 조사에 진실성을 더할 수 있다.

외적 증거를 가지고 확증하는 절차를 거칠 때 고대 작품의 소재로 쓰인 물리적인 인공물들 또한 유용하다. 시저가 **갈리아 전기**에서 묘사한 그 시대에 사용하던 독특한 병기들이 발굴되었는데 그런 것이 도움 된다는 말이다. 혹은 작품 속에 등장하는 전쟁터에서 실제로 발굴된 여러 유골이나 무기들도 유익하다. 이러한 것들은 역사적 기록물의 신빙성을 한층 더 높여준다. 최근 다양한 고고학적인 발견들에 편승하여 숱한 고대 작품들의 신빙성이 강화되고 있다. 간략히 말해서, 의문시되던 문헌이 그 외적 증거로 그 내용이 사실임이 드러나면, 그 기록물의 신뢰성이 확연히 드높아진다.

내적 증거 검사

세 번째인 내적 증거 검사는 해당 책의 그 내용의 일관성 여부와 저자가 과연 진실을 말하고 있는지 그 신빙성 유무를 따져보는 것이다. 그 책은 혹 자기모순으로 가득한가? 혹 저자가 객관성을 잃었거나 사실을 왜곡하는 성향을 가졌다는 증거는 없는가? 이런 질문에 답하며 역사적 문서의 그 내적 신뢰성을 검사하는데 사용하는 일반적인 세 가지 표준이 있다.

1. 본문에 잘못이 없다고 간주한다.

우리는 모두 어떤 권위를 가진 인물, 곧 교사나 상사나 부모에게 공정하지 못한 취급을 받는다고 느낀 적이 있을 것이다. 그런 윗분이 우리를 미리 판단하고 우리가 하는 일은 무조건 잘못되었다고 여겼을 때 그러하다. 윗분들은 무죄가 입증될 때까지 기다리지 못하고 대개 유죄 판결부터 내린다.

어떤 책에 대하여 그러한 공정하지 못한 태도를 가진 일부 비평가는 성경조차 그런 식으로 깎아내린다. 예를 들어, 그들은 기적이 일어날 가능성은 없다는 편견으로 성경을 대한다. 또는 내가 앞에서 언급했던 역사학 교수같이 성경의 권위성 자체를 깡그리 무시한다. 그들은 명확하지도 않은 잡설로 실재하지도 않는 오류나 모순이 있는 것처럼 까발린다.

그러나 편견 없는 독자는 성경을 위시해서 어떤 책을 대할 때 저자의 글에 대해 열린 자세를 가져야 한다. 어떤 문헌이나, 역사적 사실, 또는 가설에 반감을 품거나 못마땅해 하는 것은 그것을 허위로 여긴다는 의미이다.

성경이나 다른 책을 평가할 때, 우리는 절대적인 공정성을 가져야 할 의무가 있다. 소위 "무죄 추정의 원칙"을 가지고 책의 본문을 대해야 하며, 각고의 노력으로 그 기록물에 실제로 잘못이 있다는 것을 드러내야 할 입증 책임은 비평가에게 있다.

2. 알려진 모순은 무시한다.

시저의 갈리아 전기 사본들 가운데 두 개의 필사본 내용에 시저는 전혀 결혼한 적이 없다고 적혀 있다. 그러나 다른 지역에서 발견한 널리 알려진 역사적 기록물에 따르면 시저의 조강지처는 루키우스 코르넬리우스 킨나의 딸 코넬리아였다. 게다가 그 외 다른 **갈리아 전기** 사본들에는 오릴리아라는 이름의 여인이 시저의 조강지처라고 적혀 있는데 이것을 어찌해야 하는가? 이런 모순들은 미해결인 체 남아 있을 수 있는데, 만일 그런 것이 풀리지 않는다면, 해당 문헌의 전체 기록은 믿을 수 없는 것이 된다.

어떤 고대 사본을 평가하는데 있어서, 객관성이 있는 학자들은 그 작품 속에 들어있는 입증이 안 되는 모순들은 반드시 그 해결이 불가능하다는 사실을 입증해야지, 단지 해결하기 곤란하다고만 해서는 안 된다는 원칙을 준수한다. 학자이며 저술가인 로버트 M. 혼은 어떤 본문에 실제로 잘못이 있다는 것을 입증하려면 그에 필요한 입증 조건들에 부합해야 한다고 설명한다. 그는 "단순히 모순처럼 보이는 개연성"이 아니라, 이보다 훨씬 더 한 것이 필요하다고 말한다. 첫째, 문장을 - 예를 들어, 거기에 등장하는 여러 단어와 숫자가 어떤 용도로 사용되었는지 살펴서 - 제대로 잘 이해한 것이 틀림없어야 한다. 둘째, 본문에서 다루는 주제를 합리적으로 파악하기 위해 전체 내용을 숙지한 것이 맞아야 한다. 그리고 셋째, 본문 비평학과 고고학 등에서 새롭게 발견한 것들이 나온다 해도 해당 문장이 달라

지지 않아야 한다. 혼은 이렇게 결론을 맺는다.

> 난제가 있다고 반대 주장이 성립하지 않는다. 문제가 풀리지 않았다고 그것이 곧 오류는 아니다. 그래서는 잘못되었다는 점을 입증할 수 없다. 진상을 올바르게 봐야 한다. 난제를 붙들고 늘어져야 하고 문제를 불을 비춰가며 훤하게 들여다봐야 한다. 실마리가 잡힐 때까지 불을 끄지 말고, 단언하는 것을 삼가면서 총력을 기울여 최종적으로 이렇게 말할 수 있어야 한다. "이것이 바로 증명된 오류이며 의심 못할 반대의 증거요."[7]

3. 1차 자료를 사용한다.

총선에 출마했거나 당선한 자 중에 그들의 논문이나 연설문에 표절한 것이 드러나서 중도에 낙마하거나 사퇴하는 것을 본다. 신문기자들이 종종 날조된 자료를 가져다 그 이야기를 각색해서 오보를 내보낸 사례도 있다. 하지만 이런 부적절한 방법으로 기사화된 내용은 뉴스가 아니다.

고문서를 조사하다보면 저자들이 사건의 진상을 아무렇게나 갖다 붙여 놓은 경우가 허다하다. 높은 평가를 받는 고대 세계의 몇몇 저자도 그들이 태어가기 훨씬 전에 한 번도 가보지 않은 나라들에서 일어난 사건들을 기록해 놓았다. 비록 그들의 글에 엄청난 사실들이 담겨 있다손 치더라도, 사학자들은 기록된 사건에 지리적으로 그리고 연대순으로 좀 더 가까운 저자들의 기록물에 훨씬 더 큰 신뢰성을 부여해야 한다.

성경으로 이런 검사는 어떻게 하는가?

신약의 신뢰성에 대한 나의 강의를 들으면서 내 친구인 역사학 교수는 어처구니없다고 대꾸했다. 구약과 신약은 부정확하고 믿을 수 없다고 주장하는 비평가들이 한둘이 아니다. 예를 들어, 어떤 이는 모세가 성경의 처음 다섯 권의 책을 쓰지 않았다며 그 이유로 모세의 시대에 쓴 현존하는 문서가 없기 때문이라고 한다. 다른 이는 신약은 A.D. 2세기 말기가 될 때까지 기록된 적이 없다고 주장한다. 그리고 그 이후에 신화와 전설을 짜깁기하여 기록한 것이라고 한다. 따라서 그들은 신약의 신뢰성은 전무하다고 단언한다. 10여 년 전에, 대중문화를 통해 이런 불신에 기름을 끼얹은 일이 발생했다. 저자 댄 브라운이 써서 성공시킨 소설에 기반을 둔 영화가 크게 흥행했다. 「**다빈치 코드**」(The DaVinci Code)라는 제목의 스릴러물에서 브라운은 이렇게 주장했다. "80개 이상의 복음서가 신약이라고 거론되었지만, 그중 몇 가지만 채택되었다."[8] 이 주장으로 인하여 많은 사람이 복음서의 신뢰성에 의문을 제기하기 시작했다.

성경의 신빙성을 없애려는 비평과 희한한 주장이 난무한다. 하지만 그것이 맞을까? 그것의 지향점은 무엇인가? 혹시 우리가 성경을 검사해보면 그것이 진실로 신뢰할만한 역사적 문서라는 것이 드러나지 않을까? 굳이 이러한 나의 말에 괘념치 말라. 다음 세 장에서 우리는 함께 성경의 역사적인 신뢰성에 대하여 세 가지 검사를 해볼 것이다.

11장

구약의 역사적 신뢰성 검사

구약의 역사적 신뢰성 검사

우리가 믿고 있듯이 구약이 하나님의 감동으로 된 말씀이고, 우리가 신뢰하는 하나님께서 초자연적으로 지휘 감독하셔서 여러 세대에 거쳐 전달한 것이라면, 제아무리 혹독하게 서지학적 검사, 내적 증거 검사, 외적 증거 검사 등 세 가지 신뢰성 검사를 한다 해도 구약에서 문제점이 발견되지 않아야 마땅하다. 그렇다면 어떻게 히브리어 본문을 하나씩 차곡차곡 검사해야 하는가?

서지학적 검사

우리는 B.C. 480년에서 A.D. 17년 사이에 저술한 시저의 **갈리아 전기**, 리비우스의 **로마사**, 투키디데스의 **펠로폰네소스 전쟁사**, 헤로도토스의 **역사** 등에 대한 몇 가지 고대 사본을 언급한 적이 있다. 어디서든 이 문헌들에 대한 사본을 다수 보유하고 있다고 뽐내본댔자 현존하는 것은 겨우 250개 정도뿐이다. 이 사본들을 지지하는 증거라고 해봤자 가장 탁월하게 그 신뢰성과 역사성이 공인된 호머의 **일리아드**(B.C. 800년)에 비교하면 초라하기 그지없다. 현존하는 **일리아드** 사본은 1,800개가 훨씬 넘으며, 그 최초 사본은 연대가 B.C. 400년까지 거슬러 올라간다.[1] 하지만 **일리아드**라도 지금까지 발견된 구약 사본의 파편과 두루마리의 수효에는 가히 근접도 못한다. 여기에서 고대 히브리어 원문의 발견에 대한 가장 핵심적인 사항들만 간략하게 둘러보고자 한다.

19세기 후반에 옛 카이로에 있는 벤 에즈라 회당의 게니자(낡은 구약 사본을 보관하는 창고나 함)에서 유대인이 필사한 구약 사본의 단편 약 250,000개가 발견되었다. 이 문서들은 A.D. 870년에서 A.D. 1880년 사이에 필사한 것들이다.[2] 수년 전에는 성경에 관련한 24,000개 이상의 자료를 이 카이로 게니자 콜렉션(Cairo Genizah Collection)에서 정식으로 발표하였다.[3]

중세에 편수한 히브리어 사본인 알레포 코덱스(Aleppo Codex)는

A.D. 925년경에 복사하였다. 코덱스란 두루마리 형태로 말려 있는 것이 아니라 복사지 모양의 가죽 판(양피지 또는 벨럼지)으로 만든 책에 붙이는 명칭이다. 상당수의 학자가 알레포 코덱스를 가장 권위 있는 마소라 필사본으로 여긴다. 완벽한 히브리어 원문(구약)을 그대로 필사해 놓은 원판 사본이지만, 원래 있던 487쪽이 일부 소실되어 294쪽만 현재 남아있다.[4]

구약 전체 본문을 완전하게 복사해 놓은, 레닌그라드 코덱스(A.D. 1008년)는 러시아 국립 박물관이 소장하고 있다. 실제로 현재의 모든 번역본 성경은 구약을 레닌그라드 코덱스에서 번역하였다.[5]

1940년대까지 수천 개의 구약 사본 단편과 수십 종의 두루마리가 발굴되었다. 그러나 이것은 시작에 불과했다.

1947년 봄, 어린 베두인 목동이 역사상 가장 위대한 사본을 발견한다. 랄프 얼은 그의 저서 **「어떻게 우리는 성경을 얻었나」**(How We Got Our Bible)에 그 이야기를 요약해 놓았다. 그 목동은 "사해 서편에 있는 어떤 절벽 구멍에 돌을 던져 넣었다. 여리고에서 남쪽으로 약 13km 떨어진 곳으로 고대 사회에서는 쿰란이라고 불렀던 지역이다. 도자기 깨지는 둔탁한 소리에 소년이 깜짝 놀랐다. 자세히 들여다보니 그 광경이 놀라웠다. 동굴 바닥에 놓여 있는 여러 개의 커다란 항아리 속에 무명베에 싸인 가죽 두루마리들이 들어 있었다."[6]

고고학자들의 쿰란 동굴 – 전체 가운데 11개의 동굴 – 탐사로 근 1,050개의 두루마리를 포함하여 약 25,000개 또는 50,000개에 달하는 조각이 발견되었다(파편을 계수하는 방법에 따라 숫자가 달라진 것임).[7] 이 사본들 가운데 삼백 개는 성경 본문이었으며, 나머지 중 상당수는 "초기 유대주의와 신생 기독교에 직접 연관되는" 내용이었다.[8] 에스더를 제외하고 구약의 모든 책이 담겼고, 가장 오래된 복사본은 그 연대가 대략 B.C. 250년경 것이었다.

일반적으로 쿰란 사본으로 알려진 사해 두루마리의 발견으로 우리는 기존의 신뢰성 있는 알레포 코덱스보다 1,175년 앞선 구약 본문을 얻었다. 우리는 또한 1,258년이나 멀리 떨어진 레닌그라드 코덱스와 사해 두루마리를 서로 비교할 수 있게 되었다.

이제부터 재미난 부분이다. 사해 두루마리를 제대로 편수해서 현대판 히브리어 성경과 비교해 봤더니, 본문의 내용은 물론 단어 대 단어까지 사례별로 95% 이상 일치한다는 것이 여실히 드러났다. (5% 미만의 편차는 주로 철자의 변형에 기인한다. 예를 들어, 이사야 53장은 총 166개의 단어로 구성되는데, 17개의 글자가 문제였다. 그 가운데 10개는 철자 문제였고, 4개는 글자를 표기하는 방법이 달랐으며, 나머지 3개는 이사야 53:11에 첨가된 빛(light)이라는 뜻을 가진 세 글자로 된 "오르"(אור)라는 히브리어 단어였다)[9]

달리 말해서, 역사상 가장 위대한 이 사본의 발견으로 장장 천 년이 넘는 세월이 지났어도 구약 사본의 경우, 극히 작은 몇몇 변형만 있었을 뿐, 본문의 명확한 의미가 뒤바꾸거나 사본의 본질적인 진정성을 의심할만한 실마리조차 없다는 것이 밝히 드러났다.

피터 플린트 박사는 내가 소장한 성경 사본의 파편을 공개하기 위해 개최한 증거 발견하기(Discover the Evidence) 행사에서 강연했다. 그는 브리티시 콜롬비아 주에 소재한 트리니티 웨스턴 대학교의 사해 두루마리 연구소의 소장이며 내가 참고 자료로 사용하는 **사해 사본**(The Dead Sea Scrolls)이란 책의 저자이다. 플린트 박사는 그 두루마리 가운데 거의 30개를 손수 편집하거나 공동편집해서 출판했기에 사해 두루마리에 대한 직접적인 지식을 가진 분이다. 이것은 행사장에서 그가 했던 강연 일부로서 어떻게 그 두루마리들이 최신의 히브리어 본문과 일치하는지에 관한 내용이다.

> 사해에서 발견한 성경 두루마리는 마소라 본문에 기초한 전통적인 히브리어 성경보다 그 연대가 1,250년이나 앞선다. 우리는 천 년 전의 사본으로 성경을 만들어 사용해 왔다. 이제 우리는 B.C. 250년에 작성된 두루마리들을 획득했다.
>
> 그래서 이제 여기에서 백만 불짜리 질문을 해야겠다. 그 성경 두루마리들을 가지고 현재의 히브리어 성경과 비교했을 때, 우리는 무엇을 얻겠는가? 아마 여러분은 오늘 이것을 경험했을 것이다. 누군가 여러분의 집에 방문해서 "성경은 오류로 가득 차 있다. 교회는 그런 것을 가지고 장난을 치니 이제 성경을 달리 봐야 한다"고 말했다고 치자. 이제 우리가 가진 최신의 성경을 가지고 그것을 사해 두루마리와 비교해 봐서 과연 그것을 달리 봐야 할지 알아보자. 우리의 성경을 성경

두루마리와 비교해 보면 그 결론이 어떻게 나올까? 결론은 매우 단순하다. 두루마리들은 현재의 성경 내용과 99% 정확하게 일치한다.

시편 22편에 나오는 매우 유명한 한 가지 구절을 가지고 예를 들어보겠다. "내 하나님이여 내 하나님이여 어찌 나를 버리셨나이까?" 이것은 예수님이 십자가에서 절규하시는 장면을 예고한 시편이다. 복음서에서 기록자는 이 구절을 십자가 사건에 연결한다. 시편 22편 16절을 생각해 보자 "개들이 나를 에워쌌으며 악한 무리가 나를 둘러 내 수족을 찔렀나이다."

여러분은 이 구절을 잘 알고 있으니 지금 이렇게 말할 수 있다. "이것은 그리스도께서 십자가에 못 박히신다는 예언이다." 사실상 이 구절을 랍비나 또는 성경학자에게 들려주면 그들은 "그렇지 않다"라고 말한다는 것을 아실지 모르겠다. 이유인즉슨 여러분이 만일 레닌그라드 코텍스를 편수한 히브리어 성경으로 그 구절을 본다면, 과연 그것이 그런 말씀이 아니란 것을 발견하고 꽤 충격을 받을 것이다. 레닌그라드 코텍스는 이렇게 말한다. "개들이 나를 에워쌌고, 악한 패거리가 사자같이 나의 수족을 포위했나이다."

자, 어떤 사람이 이렇게 말할 수 있다. "보라고, 교회가 원문을 마구 바꿨구먼. 예수를 성경 본문에 집어넣고 싶어 안달이 나서 히브리어 원문을 무시하고 '그들이 나의 수족을 찌르

나이다'라고 한 것이네." 하지만 친애하는 여러분, 그것이야말로 황당한 도전이다. 여러분에게 기쁜 소식을 알려드리겠다. 이 구절이 사해 두루마리들 중 한 가지 사본에 그대로 들어있다. 내가 그 두루마리를 편집한 장본인이기에 이렇듯 직언할 수 있다. 이 구절이 사본에 나온다. 시편 22장에 대한 세상에서 가장 오래된 사본에 이렇게 적혀 있다. "개들이 나를 에워쌌으며 악한 무리가 나를 둘러 내 수족을 찔렀나이다." 놀랍지 않은가?

그것은 놀래야 마땅한 **일이다**. 그리고 가장 오래된 사본이 가지는 권위가 훨씬 더 크므로 공인된 성경을 번역하면서 번역자들이 그 사본을 채택하여 제대로 잘 번역한 것이다. 또한 성경 원전이 하나님의 감동으로 된 말씀이 맞는다면, 하나님께서 기적적으로 지휘 감독하셔서 성경이 원전 그대로 우리에게 정확하게 전달되게 하셨어야 마땅하다.

현재까지 누적된 구약 사본의 수효는 모두 얼마나 되는가? 증거력 있는 상당량의 두루마리가 기존의 구약 사본 명부에 빠져있는 경우가 참 많다. 새로운 사본이 지금도 계속해서 발굴되므로 필사한 구약 사본의 숫자를 정확하게 계수하기는 쉽지 않다.

스캇 캐롤 박사, 피터 플린트 박사, 미네소타 주 칼리지빌에 있는 세인트존스 대학교의 힐 뮤지엄 & 마누스크립트 도서관 관장인 파

더 콜럼바 스튜어트 등과 같은 여러 전문가에게 자문해 보니, 18세기 이전에 제작된 것으로서 현존하는 히브리어 두루마리와 코덱스는 최소한 17,000개 정도로 추산할 수 있다.[10] 남아있는 사본의 숫자가 1,800개 이상이나 된다는 이유로 호머의 **일리아드**가 가지는 사본으로서의 권위는 실로 엄청나다. 이와 비교했을 때, 어림잡아도 사본의 숫자가 17,000개가 넘는 구약의 경우, 그것이 가지는 사본으로서의 권위는 그깟 엄청난 정도가 아니다.

구약 원본과 최초로 작성한 복제본 사이의 시간적 간극을 구약 39권에 기초하여 산정해 보자. 예를 들어 모세의 기록물들은 그 연대를 정확하게 특정할 수 없다. 만일 그가 생애 후반부에 오경을 기록했다손 치면, 구약의 처음 다섯 권의 책이 기록된 때와 초기의 사해 두루마리 사본 사이에는 약 1,100년의 시차가 난다.[11] 구약의 나머지 34권의 책은 그보다 늦은 B.C. 460년 후반까지 기록되었을 터인데, 그렇다면 원본과 사해 두루마리 사본 사이의 간극은 훨씬 더 짧아진다.

필사자들이 얼마나 꼼꼼하게 구약 본문을 복사했는지 분석하는 과정에서, 현존하는 사본들의 숫자와 원전과 가장 오래된 필사본들의 시간적 간극을 따져보면, 구약은 서지학적 검사에서 무엇 하나 이의를 제기할 거리가 없다! 서지학적 검사의 기준에서 오늘날 우리가 가진 구약은 참으로 역사적 신뢰성이 있다.

외부 증거 검사

어떤 고대 문헌의 신뢰성을 판정하고자 할 때, 사학자들이 묻는 말이 있다. "조사하는 문헌과는 별개로 그것의 정확성과 신뢰성을 입증할 수 있는 자료가 있는가?" 의문의 여지없이, 성경은 전 시대에 걸쳐 가장 광범위하게 참조되고 인용되었다.

성경 이외의 분야에서도 참고서 역할을 하는 성경은 – 특히 구약은 – 고고학에서는 주기적이고 지속해서 의존해야 하는 자료이다. 18세기 후반까지 근동 세계에서 성경 유물을 추적하는 일은 주로 묘지 도굴을 하던 아마추어 보물 사냥꾼의 몫이었다. 1799년에 나폴레옹의 군대가 이집트에서 발견한 로제타스톤은 모든 것을 바꿔 놨다. 성경 고고학은 명성이 자자한 고고학자들의 전유물이 되었다. 근동 세계 모든 지역에서 진행하는 고대유적의 발굴은 성경 속 인물과 사건을 재조명한다.

고고학으로 말미암아 성경에서 묘사하는 인물과 사건의 역사적 진실성이 확립되고 있다. 성경과 직간접적으로 연관되는 유물을 발굴해 낸 건수만 해도 25,000건이 훨씬 넘는다. 더욱이 신약에 거명된 30명가량의 인물과 구약의 경우 약 60명 정도가 역사적으로 실존했다는 사실이 고고학과 역사적 연구를 통해 확인되었다. 비율로 볼 때 성경의 배경이 되는 성지에서 출토될 유물들은 미미하기 그지없는 것을 볼 때, 현재 다른 현장에서 진행 중인 발굴 작업에서 훨씬 더 많은 것들이 나올 가능성이 크다. 여하튼, 현재 우리가 고고학적인 자료에서 얻은 외부 증거로 말미암아 구약의 역사적 신뢰성이 확보되는 바람에 성경이 신화나, 미신이나, 또는 조작의 산물이 아닌 것이 명백해졌다.

성경 연구에서 신약과 구약에 관련한 고고학적 발견에 대하여 풍성한 정보를 얻으려면 홀만 성경 출판사가 출간한 「학생들을 위한 변증학적 성경 공부」(Apologetics Study Bible for Students)에 있는 "유골과 흙먼지 각주" 부분에 기재된 도서 목록을 참고하라. 나의 책 「판정이 필요한 새로운 증거」(The New Evidence That Demands a Verdict)에서, 나는 한 개의 장을 할당하여 고고학과 성경 비평이란 제목으로 구약 고고학에 관하여 상당히 비중 있게 다루었다.[12]

아래에서 당신은 어떻게 고고학이 제공하는 외부 증거가 구약의 역사적 기록을 믿을 수 있게 하는지 그 몇 가지 사례를 보게 될 것이다.

바벨론과 느부갓네살 왕의 존재

다니엘서는 거대한 바벨론 도성과 느부갓네살 왕을 언급한다. 그 왕은 B.C. 605년부터 B.C. 565년까지 살면서 바벨론을 통치했다. 하지만 오랜 세월 동안 비평가들은 그러한 도시와 왕은 절대로 존재하지 않았다고 주장했다. 그러나 지금 그의 존재는 바그다드에서 약

89km 정도 남쪽에 위치한 오늘날의 이라크 바빌론 주 힐라 부근에서 고고학자들이 발굴한 증거로 반박할 수 없는 사실로 확인되었다.

바빌론의 이슈타르 문을 발굴할 때, 쐐기 문자들이 적혀 있는 백색 유약으로 처리된 많은 양의 벽돌 파편들이 나왔는데, 다름 아닌 느부갓네살 2세의 성문(成文)이었다. 고고학자들은 그 내용이 그 문의 건축에 관한 것이라고 확정적으로 생각했다. 그 본문은 석회암 벽돌에 온전히 명각된 상태로 발굴된 또 다른 성문(成文)과 비교하여 복원되었다. 거기에 새겨있는 주요 내용은 왕의 연설에서 발췌한 세 가지 핵심 사항이었다. "짐이, 곧 느부갓네살이 문들의 기초를 놓았노라… 짐은 온 인류가 외경심을 느끼도록 찬연한 영예로 그것들을 휘황찬란하게 장식하였도다."[13]

바벨탑

창세기는 모든 사람의 언어가 하나였을 때 인류가 대를 쌓아 그 꼭대기가 하늘에 닿게 하려 했다고 한다. 그 유명한 바벨탑 이야기는 교회학교의 단골 메뉴이다. 비평가들은 그 이야기에 코웃음을 치며 그런 사건은 실제로 일어난 적이 없다고 주장한다.

그러나 수메르인 문헌에 역사적으로 단일 언어를 사용했던 시절이 적혀있다. 고고학계에서는 또한 대략 B.C. 2044년부터 B.C. 2007년까지 우르를 다스렸던 우르남무 왕이 달신 난나를 숭배하기 위해서 거대한 **지구라트**(신전탑)를 건립했다는 증거를 찾았다고 밝혔다. 가로 1.5m 세로 3m 정도 크기의 **돌비**(기념석)에 우르남무의 행적이 기록되어 있다. 한 인공 유물에 부조된 왕의 모습을 보면 그 거대한 탑의 건설을 시작하려고 회반죽 바구니를 들고 있다. 이는 겸손한 일군으로서 왕이 신들에게 충성을 다한다는 표시이다.[14]

또 하나의 토판에는 탑의 건립으로 기분이 상한 신들이 건설 인부들을 아래로 집어 던졌고, 사방으로 흩어 버렸고, 언어도 혼란스럽게 했다고 적혀 있다. 이런 설명은 창세기에 기록된 바벨탑 이야기와 희한하게도 비슷하다.

소돔과 고모라

소돔과 고모라의 멸망은 창세기 14장에 언급된 소돔 지역의 다섯 개 동맹 도시가 그 지역 상업의 중심이었고, 지리적으로 성경에 기록된 장소와 일치한다는 증거가 나타날 때까지 종교적 전설에 불과했다. 그 도성의 파괴 장면을 묘사한 성경의 기록은 매우 정확했음이 밝혀졌다. 지질학적인 증거를 놓고 볼 때 그 지역은 고대에 지진 활동으로 지층이 흔들렸을 뿐 아니라 지반이 하늘 높이 치솟아 오르기도 했다. 게다가 그 증거에 따르면 기존의 퇴적암층들이 뜨거운 열에 녹으면서 서로 뒤엉키는 과정에서 대화재가 발생했는데, 그때 사해 밑 부분의 유정이 불타면서 분출했을 가능성이 있다. 지금도 역청이 그 일대에 흔한데, 그 사건을 정확하게 적어 놓은 성경의 기록대로 그 강력하게 분출하는 힘으로 유황(역청을 함유한 수지)이 하늘로 치솟았다가 그 도시들로 비처럼 쏟아져 내렸을 것이다.[15]

발람의 석고판

나귀와 대화했던 발람의 이야기(민 22:22~40)는 수십 년 동안 비판적인 학자들이 그 진정성을 의심했다. 심지어 발람을 실존했던 인물로 여기지 않았다. 이런 견해는 고고학자들이 데어 알라(요르단)에 있는 한 고대 건물의 잔해 속에서 조각난 석고판에 적힌 아람어 기록을 수집했던 1967년부터 바뀌기 시작했다. 50개 줄로 적어 놓은 글귀는 빛바랜 붉고 검은 잉크 색이었다. 이런 내용이었다. "브올의 아들 바람의 책에 있는 저주이다. 그는 신들의 선지자였다." 이것은 민수기 22장 5절과 여호수아 24장 9절에 기록된 말씀과 정확하게 일치한다. 비록 그 기록이 발견된 건물이 B.C. 8세기(유다 왕 웃시야의 통치 기간, 이사야 6장 1절 참조) 밖에는 안 되었지만, 문장이 적힌 석고판과 잉크의 상태로 봤을 때, 그것은 상당히 오래된 유물로서 그 연대가 성경에 나오는 발람의 시대까지 거슬러 올라가야 할 듯하다.

발람 이외에 60명가량의 구약 인물이 역사적으로나 고고학적으로 그 신분 확인을 마쳤다. 개략적으로 열거하면 이렇다. **다윗**(삼상 16:13), **예후**(왕하 9:2), **오므리**(왕상 16:22), **웃시야**(사 6:1), **요담**(왕하 15:7), **히스기야**(사 37:1), **여호야긴**(대하 36:8), **살만에셀 5세**(왕하 17:3), **디글랏 빌레셀 3세**(대상 5:6), 사르곤 2세(사 20:1), 산헤립(사 36:1), 느부갓네살(단 2:1), 벨사살(단 5:1), 고레스(사 45:1) 등등.[16]

에블라 토판들

비평가들은 이스라엘 시대에 고도로 발달한 사회 구조를 가진 여러 도시에서 형식을 제대로 갖춘 문서를 주고받으며 교역이 활발했다는 히브리어 성경의 기록에 대해 오랜 세월에 걸쳐 비웃음을 쳤다. 상식적인 수준에서 그런 진보된 문명은 B.C. 800년대까지는 없었다고 여겼다.

그러다가, 1976년에, 이탈리아 출신의 고고학자인 파올로 마띠에가 시리아 알렙포의 텔 마르딕에서 에볼라 토판들을 발견했다. 16,000여점이 넘는 토판에 B.C. 2400년부터 시작되는 왕실 사료들이 빼곡히 적혀있다. 그 기록들로 아브라함, 이삭, 야곱으로 이어지는 족장시대 이전에 가나안(훗날 이스라엘) 인근에 살던 사람들의 생활양식, 어휘, 상거래, 지형, 종교 등을 들여다볼 수 있다. 지오반니 페티나토가 여러 개의 토판을 번역해서 출간한 그의 책 「에볼라의 사료: 토판에 새겨진 한 제국」(Archives of Ebla: An Empire Inscribed in Clay)을 보면 다음과 같은 성경 속 도시들이 실재했다는 것을 확인할 수 있다. 소돔(창 19:1), 스보임(창 14:2,8), 아드마(창 10:19), 하솔(왕상 9:15), 므깃도(대상 7:29), 가나안(창 48:3), 예루살렘(렘 1:15).

더 나아가서, 그 토판들에는 다음과 같은 성경 속 등장인물의 이름까지 적혀 있다. **나홀**(창 11:22~25), **이스라엘**(창 32:28), **에벨**(창 10:21~25), **미가엘**(민 13:13), **이스마엘**(창 16:11). 어휘와 관련하여서, 토판들에는 창세기 1장 2절에서 "깊음"이라고 번역한 **테홈**(tehom) 등, 성경에서 사용된 비슷한 단어들이 등장한다. 토판들에는 또한 히브리어의 문체와 종교와 관련된 정보도 담겨있어, 편의상 이스라엘로 통칭하는 고대 종교 문명을 이해하는데 도움이 된다.[17]

이번 장에서 우리는 구약 성경을 대상으로 하여 고대 문헌의 신뢰성을 판정하는데 일반적으로 사용하는 검사인 서지학적 검사와 외부 증거 검사를 하였다. 보시다시피 구약의 신뢰성은 인류 역사 전반에 걸쳐 반복해서 확증된다. 다음 검사는 내적 증거 검사이다. 그 검사를 깊이 탐구하기 전에 나는 다음 장에서 신약도 서지학적 검사와 외부 증거 검사를 하고 싶다. 그런 다음 13장에서 구약과 신약에 대한 내적 증거 검사를 동시에 하려 한다. 이런 식으로 해야 비평가들이 자주 의혹을 제기하며 성경 속에는 모순된 내용이 있다면서 펼치는 억지 주장을 여유를 갖고 차분하게 대처할 수 있기 때문이다.

12장

신약의 역사적 신뢰성 검사

신약의 역사적 신뢰성 검사

　이 책이 인쇄되는 동안에도, 내가 언급할 신약 사본의 수효와 신약의 내용이 인용된 복제본들 숫자가 경신될 것이다. 성경 고고학이 나날이 발전하고 있고 과학자들의 새로운 발견이 계속해서 이어지기 때문이다. 스캇 캐롤 박사는 2013년 12월에 개최한 증거「발견하기」(Discover the Evidence) 세미나에서 이렇게 강연했다. "세상 여러 곳에서 활약하는 학자들 덕택에 대부분의 신약과 구약 사본이 발굴되었고… 지금도 그러한 작업이 지속해서 진행되고 있다. 문자 그대로, 매주 계속된다!"

2013년에 내가 입수한 신약과 구약 사본의 파편들같이 새롭게 발견된 어떤 사본 조각은 현존하는 초기 사본의 일부 내용을 필사한 것도 있다. 이러한 조각들이 발견될 때마다 사람들은 기존에 발견한 다수의 구약과 신약 사본에 그 수를 더할 뿐 아니라, 다른 필사본과 새롭게 비교해 볼 기회로 삼는다. 이는 플라톤, 호머, 시저 등과 같은 고대의 저자가 쓴 작품의 경우도 마찬가지이다.

  지난 10년 동안에 호머의 **일리아드**의 사본 조각은 1,100개 이상, 시저의 **갈리아 전기**는 240개 이상, 플라톤의 부극(플라톤의 대화록을 네 부분으로 정리한 것)은 200개 이상 추가적으로 발견되었다. 그 외에 다른 많은 고대 문헌도 같은 상황이다. 새로운 것이 발견되면 서지학적 검사에 의해 그 문헌의 신뢰성이 높아진다.

서지학적 검사

  신약 27권의 경우, 사본의 그 어마어마한 숫자는 물론이거니와 원작과 초기 복제본 사이의 시간적 간극에 있어서 사본학적으로 가지는 권위는 상당하다. 오늘날 세계 곳곳에서 도서관, 대학, 개인이 소장한 신약 사본은 24,000개가 넘는다. 가장 오래된 사본은 현재 영국 맨체스터에 소재한 존 라이랜즈 도서관에 있는 요한복음 단편이다. 사도 요한이 원전을 작성한지 불과 50년 안쪽에 제작한 필사본

이다.[1]

  다음 도표는 아홉 가지 고대 작품에 대한 작가, 원작의 연도, 초기의 것으로 밝혀진 사본과의 시간적 간극, 현존하는 사본 수의 목록이다. 또한 최근 10년간 새롭게 발견된 사본 수를 도표의 마지막 칸에 따로 적어 놓았다. 서지학적 검사 방법으로 신약 사본과 이 고전들을 비교해 볼 수 있다. 보시면 알겠지만, 그 둘 사이를 비교했을 때, 그 차이는 놀랄 만큼 확연하다.

고대 작품과 신약의 비교[2]

저자	작품	저작 연도 (기간)	초기 사본	연대의 시차 (근사치)	기존(개)	최근(개)
호모	일리아드	B.C. 800	B.C. 400	400	643	1,800+
헤로도토스	역사	B.C. 480~425	A.D. 900	1,350	8	109
플라톤	4부극	B.C. 400	A.D. 896	1,300	7	210
시저	갈리아 전기	B.C. 58~44	A.D. 900	950	10	250+
리비우스	로마서	B.C. 59 ~ A.D. 17	A.D. 5C초 (대부분 A.D. 10C)	400+ (1,000)	일부1 번부19	일부90 전부60
타키투스	편년사	A.D. 100	전반부 A.D. 850, 후반부 A.D. 1,050	750~950	20	전반부 2 후반부 31
대 플리니우스	박물지	A.D. 49~79	1편 5C이후, 나머지 A.D. 14~15C	460 (1,450+)	7	200
투키디데스	펠로폰네소스 전쟁사	B.C. 460~400	B.C. 3C와 A.D. 900	200(1,350)	8	96

저자	작품	저작 연도 (기간)	초기 사본	연대의 시차 (근사치)	기존(개)	최근(개)
데모스테네스	연설	B.C. 300	일부 B.C. 1C 이후, 나머지 A.D. 1,100	200(1,400)	200	340
	신약	A.D. 50~100	A.D. 130 (또는 훨씬 이전)	50+	5,366	5,838
	헬라어 신약, 초기 번역본		A.D. 400~500	300~400		18,520+

고문서 본문의 신뢰성을 판정하기 위한 서지학적 검사에서, 신약은 그 검사를 놀라울 정도로 쉽게 통과한다. 현존하는 다수의 신약 사본은 호모의 **일리아드**에 비할 때 숫자가 13배도 더 된다. 그리고 원작과 현존하는 초기 사본의 시차를 비교할 때, 신약은 이 검사를 해 보나 마나 그냥 통과이다. 고대 세계에 저작된 문서들 가운데, 감히 신약에 필적할 만한 권위를 가진 사본은 단 한 개도 없다.

외부 증거 검사

신약은 그것이 처음 저술되던 순간부터 지금까지 인류 역사 전반에 걸쳐 단연코 가장 광범위하게 참고하고 인용하는 책이다. 초대 교회의 지도자, 작가, 신학자들은 복음서와 서신서의 다양한 구절을 즐겨 인용했다. 비록 어떤 인용구는 본문을 그대로 옮겨 놓지 않은 것도 있지만, 그럼에도 불구하고 그것은 성경의 본문 내용에 대한 외적 증거로서 없어서는 안 될 중요한 역할을 한다.[3] 신학자 노만 가이슬러와 윌리엄 닉스는 이렇게 설명한다.

> 초대교회에서 크게 권위를 인정받던 여러 저자 – 학자들이 교부라고 통칭하는 지도자 –의 저술들은 신약 27권이 가진 권위성을 압도적으로 지지한다. 여러 교부의 글은 신약의 내용을 세세한 부분까지 거의 깡그리 정확하게 인용한다… 초기 그리스도인 저자들의 그 광범위하고 수많은 인용구로 말미암아, 설혹 신약 사본이 없더라도 "초대 교부의 글만으로 신약성경을 완벽하게 재현할 수 있을 정도"이다.[4]

가이슬러와 닉스는 이렇게 말한다. "니케아 공의회(A.D. 325년)가 개회되기에 앞서 신약으로부터 인용한 구절 수가 대략 32,000개 정도이다. 이 32,000개의 인용 구절이 전부 다가 아니다. 이는 심지어 4세기 저자들의 글에 나온 것을 다 포함한 숫자도 아니다. 니케아 공의회에 참가하기 이전부터 명성이 자자했던 유세비우스라는 오로지 한 명의 저자가 인용한 신약의 구절만도 총 36,000개가 넘는다."[5] 얼마나 많은 숫자가 더해졌는지 아래 도표를 보라.

신약을 인용한 초기의 구절 수

저자	복음서	사도행전	바울서신	일반서신	요한계시록	합계
순교자 저스틴	268	10	43	6	3	330
이레니우스	1,038	194	499	23	65	1,819
알렉산들아의 클레멘트	1,017	44	1,127	207	11	2,406
오리겐	9,231	349	7,778	399	165	17,922
터툴리안	3,822	502	2,609	120	205	7,258
히폴리투스	734	42	387	27	188	1,378
유세비우스	3,258	211	1,592	88	27	5,176
총계	19,368	1,352	14,035	870	664	36,289

초기 기독교 저자들의 저작물에서 신약 본문을 확인할 수 있을 뿐 아니라, 그리스도에 관한 성경적인 설명 또한 눈여겨볼 만하다.

- **유세비우스**(Eusebius)는 히에라폴리스 감독인 파피아스의 저술에서부터 사도 요한까지 역추적해 볼 수 있는 주해서를 썼다. 파피아스는 마가가 "그리스도의 교훈과 행적에관하여 그[베드로]에게서 들은 모든 것을 정확하게 기록했다"는 요한의 주장을 기록으로 남겼다. 그리고 "마가는 그[베드로]가 알려준 것들을 한 치의 오차도 없이 이런 식으로 기록했다. 즉 그는 단 한 가지도 사소하게 여기지 않았고, 그가 들은 어떤 것도 **빼놓지 않았**으며, 어떤 거짓된 진술도 그 속에 담지 않았다."[6]

- **이레니우스**(Irenaeus)는 A.D. 156년 86세에 순교한 폴리갑의 뒤를 이어 리용의 감독이 되었다. 사도 요한의 제자였던 그는 독보적인 위치에서 예수님에 대한 기록물들을 확인해 준다.

> 마태는 히브리인 사회에서 자국어로 마태복음을 저술했다. 당시 베드로와 바울은 로마에서 복음을 전했고 그곳에 교회를 설립했다. 그들이 죽은 후 (즉, 유력한 전승에 따르면 AD 64년 네로의 박해시기에 사망함), 베드로의 제자이며 통역이었던 마가 자신도 베드로가 했던 설교를 토대로 한편의 기록을 우리를 위해 친필로 써서 남겼다. 바울을 따르던 누가는 스승이 전한 복음을 책으로 썼다. 그 이후 주님의 품에 기댔었던(이는 요한복음 13:25과 21:20에 언급됨) 사도 요한도 아시아의 에베소에 사는 동안 요한복음을 저술했다.[7]

이런 초기의 인용들은 신약 원본이 존재했다는 사실에 대한 증거가 될 뿐 아니라, 그 저술된 내용이 모두 일관성 있게 일치한다.

1~2 세기에 신약 성경의 사실성을 입증한 사람들은 비단 기독교 저자들만이 아니었다. 수많은 비기독교 저자도 마찬가지였다. 그들은 신약에 나오는 인물, 장소, 사건이 사실임을 확인해 줬다. 여기

그 몇 가지 사례가 있다.

- **타키투스**(Tacitus)는 1세기 로마인으로 고대 세계에 대한 가장 정확한 기록을 남긴 역사가이다. 그는 "본디오 빌라도, 그리고 가장 사특한 미신"이라는 표현을 사용한다.[8] "사특한 미신"이란 그리스도의 부활을 지칭하는 그가 고안해 낸 용어이다.
- **수에토니우스**(Suetonius)는 A.D. 117년부터 138년까지 로마를 통치했던 하드리아누스 황제의 비서관이었다. 그는 A.D. 40년에 글라우디오가 모든 유대인을 명하여 로마에서 떠나라고 했다는 사도행전 18장 2절의 기록이 사실이라고 확인해 준다.[9]
- **요세푸스**(Josephus, A.D. 37~100년)는 제사장 반열의 바리새인이며 유대인 역사가였다. 그의 저서에는 구약과 신약의 역사성을 입증하는 많은 진술이 담겨 있다. 요세푸스는 순교한 야고보가 예수님의 동생이었다고 진술한다. 그는 대제사장 아나니아는 "판관들의 모임인 산헤드린을 소집해서, 그들 앞에 그리스도 예수의 동생인 야고보와 다른 여러 사람을 구인하여, 그가 고발한 대로 그들을 율법 파괴자로 확정한 후, 그들을 끌어다가 돌로 쳐서 죽였다"고 기록한다.[10] A.D. 93년에 작성한

이 문장은 예수님이 실재했던 분이며, 사람들이 그분을 그리스도로 인식했고, 그분의 동생인 야고보가 대제사장과 산헤드린의 손에 의해 순교를 당했다는 신약의 기사가 사실이란 것을 확증하는 1세기의 기록이다.

- **소 플리니우스**(Pliny the Younger)는 로마의 작가이며 일반인이 이용할 수 없는 국가 정보를 접했던 행정관이었다. A.D. 112년경에 트라얀 황제에게 올린 상소를 보면, 플리니우스가 진술한 초기 그리스도인의 예배 의식이 나온다.

> 저들은 날을 하루 정해 놓고 동트기 전에 모이는 습관이 있나이다. 그때 저들의 신인 그리스도에게 교창으로 찬가를 바치며, 자원하여 굳게 맹세하나이다. 나쁜 짓을 않겠노라, 절대 사기나 도둑질이나 간통을 저지르지 않겠노라, 한 치의 거짓말도 하지 않겠으며, 신의를 저버리지 않고 꾼 것은 반드시 갚겠노라. 저들만의 관습대로 분리해서 모였다가 다시 한자리에 모여 음식을 나누어 먹는데, 간소하지만 깔끔한 종류의 음식이었나이다.[11]

이런 언급은 사도행전 2장 42, 46절에 적힌 대로, 초기 그리스도인들이 모일 때마다 떡을 떼며 예수 그리스도를 하나님으로 예배했다는 요지부동한 증거이다.

이런 기록들과 기타 상당수의 외부 자료는 고대 시대에 저술한 다른 어떤 책보다 성경 기록의 신뢰성을 더욱더 실증한다. 신약의 내용을 확인해 주는 이런 비기독교 저자들 이외에, 고고학을 통해 얻은 입증 자료도 있다.

고고학자들은 한 가지 현격한 방법으로 누가가 기록한 누가복음과 사도행전의 절대 정확성을 확인해 줌으로써 신약의 신뢰성을 강화한다. 한 때, 비평가들은 누가가 예수님의 탄생에 대하여 상세 보고하면서 언급한 사실들(눅 2:1~3)은 악의로 왜곡한 것이라고 단정했다. 그 당시 구레뇨는 수리아의 총독이 아니었고, 또한, 주민들에게 고향에 가서 호적 하라는 명령도 없었다는 것이다.[12]

그러나 그 후 고고학적인 발견으로 누가의 증언이 맞았다는 것이 입증되었다. 첫째, 로마 정부는 주기적으로 납세자에게 호적 하라 했고 14년마다 인구조사를 시행했다는 사실이 밝혀졌다. 이런 절차는 아구스도 치하에서 실제로 시작되었고, 그것이 처음 시행되었던 때는 B.C. 23~22년 혹은 B.C. 9~8년이었다. 바로 그 후자의 경우를 누가가 언급한 것으로 보인다. 둘째, 안디옥에서 발굴한 한 명문(銘文)에 구레뇨가 B.C. 7년경에 수리아의 총독이었다고 새겨져 있다.[13] 셋째, 이집트에서 발굴한 한 파피루스에 로마 당국의 인구조사 지침이 담겨있다. 이런 내용이다. "인구조사가 임박하였으니, 이유를 불문하고 일단 모든 주민은 자기 거주지에서 나와 자기 고향의 관청으로 돌아갈 채비를 해라. 그리하여 모든 가족을 빠짐없이 호적에 올려야 할 것이며 본인들이 소유한 경작지도 등록하라."[14]

연구 결과 누가복음에 기재한 지리, 언어, 문화의 정확성에 대한 의심이 모두 사장되었다. 고고학자들은 한때 누가가 루가오니아의 두 성 루스드라와 더베를 이고니온과 별개의 장소로 기재한 것은 완전 착오라고 믿었다. 로마의 키케로는 누가의 기록과 달리 이고니온이 루가오니아에 있다고 기록해 놓았다. 누가보다 키케로를 더 믿은 고고학자들은 사도행전은 믿을 수 없는 책이라고 결론지었다. 그러다가 1910년 영국의 고고학자 윌리엄 램지 경이 이고니온은 부르기아의 도성이었다는 것을 보여주는 유적을 발굴했고, 그 후 다른 사람이 발굴한 추가 증거를 통해 그 사실이 입증되었다.[15] 여타의 계속되는 고고학적인 발견으로 사도행전에서 언급한 고대 도성 대부분이 확인되고 있다. 결국 바울의 선교여행경로는 지금도 그대로 따라가도 될 정도로 매우 정확했다.[16]

언어학자들 또한 누가복음의 일부 어법에 문제가 있다고 의심했다. 한 가지 전형적인 사례를 들자면 누가가 데살로니가의 행정 당국자를 읍장(행 17:6)이라고 언급한 것을 문제시 했다. 읍장(politarch)이란 용어를 고전 문헌에서 발견할 수 없다는 이유에서 누가가 잘못 기재한 것이라고 트집을 잡았다. 그렇지만, 발굴된 19개가량의 명문에 읍장이란 직급이 새겨져 있었다.[17]

역사학자들은 누가가 기록한 에베소에서 발생한 소동에 의문을 제기했다. 누가는 연극장에서 열린 **민회**에서 벌어진 사건을 기록해 놓았다(행 19:23~29). 그러나 이번에도 누가의 기록이 옳다는 것이 증명되었다. 발굴된 한 명문에 새겨있는 기록에 따르면 "에클레시아가 열린 내내 연극장"에서 아데미의 은 신상 모형에 대한 논의가 있었다고 한다. 발굴을 완료한 연극장은 25,000명의 인원이 들어갈 수 있는 규모였다.[18]

예수께서 감람산에서 제자들에게 성전 건축에 대하여 말씀할 때, 이르기를 "너희가 이 모든 것을 보지 못하느냐 내가 진실로 너희에게 이르노니 돌 하나도 돌 위에 남지 않고 다 무너뜨려지리라"(마 24:2)고 하셨다. 예수님의 예언이 성취된 사실이 티투스 황제의 승전(A.D. 79~81년)을 기념하기 위해 그의 동생 도미티아누스 황제(A.D. 81~96년)가 건설한 티투스 개선문에 정확히 명시되어 있다. 로마의 포룸 로마눔과 콜로세움 사이에 위치한 이 대리석 아치에는 예루살렘 성전을 초토화해 놓고 탈취한 전리품(메노라 등대와 성전 나팔들)을 옮겨오는 장면이 부조되어 있다.

이런 중요한 증거 이외에, 최근 예루살렘 성전산 남서쪽 모퉁이를 따라 난 저지대 도로 지역에서 A.D. 70년에 있었던 로마군의 군사 작전으로 고지대에서 무너져 내린 거대한 돌들이 다량으로 발굴되었다. 오늘날 성전산에는 원조 건축물이 단 한 채도 남아 있지 않다. 티투스 개선문에 부조된 장면 및 글과 더불어 예루살렘 성전산에서 발굴한 파편은 유대인의 성전이 남김없이 파괴될 것이라는 예수님의 예언이 역사적으로 성취되었다는 것을 입증한다.

1928년부터 1947년까지 고린도에서 시행한 고고학적인 탐사에서 연구원들은 두 가지 유물이 바울이 쓴 고린도서와 로마서에 관련된 것을 보고 매우 놀랐다. 옛 보도에서 발굴한 A.D. 50년경에 새겼을 것으로 보이는 라틴어 명문에 바울이 자기와 함께 일하는 자로 로마서 16장 23절에서 거론한 바 있는 그 성의 재무 에라스도의 신상이 적혀있다. 그 명문의 내용은 에라스도가 자비를 들여 그 보도 일부에 재무로 선출된 것에 대한 감사를 표시한다는 것이다. 1935년에는 땅에 묻혀있던 돌로 만든 강단을 발굴했는데 그것의 용도는 대중 강연, 공무수행, 공판 및 판결 선고용이었다. 한마디로 그것은 **베마**(bema)를 위한 단이었다. **베마**는 헬라어인데 바울은 이 단어를 사용하여 그리스도의 심판대를 설명하면서(고후 5:10), 그 앞에서 모든 그리스도인의 공적이 각각 나타날 것이라고 했다(고전 3:10~17).[19]

모든 외적 증거는 – 초기 기독교 저술, 초기 비기독교 문헌, 그리고 고고학적인 발견 – 신약의 역사적 신뢰성을 저마다 공명을 일으키며 확증한다. 사실상, 이번 장에서 제시한 여러 사례는 신약 성경이 모든 고문서 가운데 가장 완전하고 공고하게 작성한 문헌이란 것을 우리에게 보여주는, 산더미같이 쌓여있는 유의미한 증거 가운데서 발췌한 극히 일부에 지나지 않는다. 그리고 살펴볼 것이 아직 더 남아 있다. 성경의 내적 증거 검사는 이미 확증된 성경의 신뢰성을 더욱 강화한다. 그것이 바로 다음 장의 주제이다.

13장

성경 속에 오류와
모순이 있는가?
(내적 증거 검사)

성경 속에 오류와 모순이 있는가?
(내적 증거 검사)

누가 당신을 속인 적이 있는가? 만일 그런 경험이 있다면, 그 사람에 대한 신임은 나락으로 떨어진다. 일단 한번 속인 사람은 과거에도 그러지 않았다는 보장이 없고, 또다시 속이지 말라는 법이 없지 않은가? 속임수가 어떤 관계에서 드러나면, 그 날로 상대방의 신용과 성실성은 끝장이다.

성경 기자의 경우도 다르지 않다. 성경 담론에 조금이라도 왜곡된 진리, 노골적인 거짓, 오류, 또는 부정확성이 우연히든 고의든 드러난다면 성경의 성실성, 진실성 및 신뢰성은 무참히 깨진다. 성경이 과연 믿을만한지 따져볼 수 있는 판정 기준은 이렇다. (1) 내적 모순과 복사 과정에서의 오류 개수. (2) 기자의 원천 지식의 소유 여부와 수준. (3) 기자가 타인의 글을 표절했는지의 유무. 본격적으로 이런 세 가지 사안에 터 잡아 성경에 대한 내적 증거 검사를 시행해 보자.

모세가 오경을 썼는가?

성경 기자 가운데 모세만큼 비평가들의 구설에 오르내리는 사람도 없다. 유대인과 보수적인 기독교 학자들은 오랜 세월에 걸쳐 모세가 구약의 첫 번째 다섯 권의 책(오경)을 기록했다고 인정한다. 그 기록 연대는 청동기(B.C. 1500~1200년대) 때라고 믿는다.

그러나 근대에 들면서 1800년대 중반 이래, 비평적인 학자들이 오경은 B.C. 850~445년 사이에 각기 다른 부류에 속한 사람들이 다양한 원 자료에서 수집한 정보를 집대성해 놓은 것이라는 논란을 벌인다. 이런 관점을 일컬어 **문서설**(documentary hypothesis)이라 한다. 문서설 지지자들은 모세 오경에서 묘사하는 시기(B.C. 1400년)는 문자가 발명되기 이전 시대라고 주장한다. 이런 의견에 따르면, 과거에 모세가 기록했다고 주장하는 책들은 실제로는 후대에 수집한 것으로서 대략 B.C. 400년 어간에 편집된 것이라고 한다. 이렇게 되면 B.C. 1350년경에 사망한 모세로부터 거의 천 년이 넘는 시기이기에 오경은 모세가 기록하지 않은 것이 된다.

문서설은 여러 가지 이유로 설득력이 없다. 나는 「**판단이 필요한 새로운 증거**」(The New Evidence That Demands a Verdict)라는 내 책에 광범위하게 그것을 설명해 놓았다.[1] 다만 이번 장에서는 몇 가지 내적 증거만 가지고 왜 문서설이 낭패를 당하게 되었는지 명시하려 한다.

11장에서 우리는 1976년에 이탈리아의 고고학자 파올로 마띠에가 발굴한 에블라 토판들에 대해 살펴봤다. 이 토판들 – 그 개수가 16,000개가 넘는 –은 B.C. 2400년까지 연대가 거슬러 올라간다. 모세의 시대에 발명된 문자가 하나도 없었으므로 모세는 오경을 기록할 수 없었다는 문서설 지지자들의 가정은 바닥에 내쳐 짓이겨졌다. 에블라의 발굴로 모세나 족장들이 거주하던 바로 그 지역에서 작성한 기록을 통해 모세보다 천 년 앞 선 시대에도 이미 세상에 법률, 상거래, 각종 행사가 있었다는 것을 알 수 있다.[2]

역사 비평가들은 모세의 시대는 문자가 발명되기 전일 뿐 아니라, 오경에 기록한 제사법과 율법은 모세가 기술했다고 보기에는 너무나도 수준이 높다며 논쟁했다. 그들은 당시 이스라엘은 너무도 원시 상태였기에 그런 세련된 지식을 갖지 못했고, 바사제국 시대 상반기(B.C.538~331년)에 이르러 겨우 그렇게 상세히 율법을 기록할 수 있었다고 우겼다.

그러나 에블라 토판들에 적힌 법전을 보면 복잡한 재판 절차와 판례가 모세보다 수세기나 앞서 이미 존재했던 것을 알 수 있다. 한동안 비평가들이 그토록 끈덕지게 물고 늘어지던 신명기의 율례(예를 들어, 신 22:22~30)와 매우 비슷한 내용이 에블라 토판에 상당히 많이 적혀 있다.[3]

최근에는 훨씬 더 많은 고고학적인 발굴로 말미암아 모세 오경의 신용도가 더욱 올라가고 있다. 이런 발견으로 오경이 모세 이후 수백 년이 지난 시점에 기록되었다는 가정을 단호히 부정할 수 있게 되었다. 예를 들어, 1986년에, 예루살렘에서 고고학자들이 사해 두루마리보다 훨씬 오래된 성경 본문을 발굴했다. 민수기 6장 24~26절의 일부로 두 개의 작은 은 편자에 기록되어 있다. 텔 아비브 대학교의 가브리엘 바르카이 교수는 이것의 연대를 B.C. 960~586년 사이의 제1 성전기로 평가했다. 이것은 또한 오경이 이미 B.C. 400년이 되기도 훨씬 오래전에 완성되었다는 사실을 확실하게 보여준다.

비평가들은 또한 여호와 – 하나님의 이름 –는 B.C. 500~400년 이전에 사용된 적이 없다고 쟁론을 벌인다. 만일 사실이라면, 이는 오경의 기자가 모세일 수 없다. 그러나 그 은 편자(the silver amulets)에 **여호와**(Yahweh)라는 이름이 적혀있고 그 연대는 B.C. 586년이다. 이로써 오경을 모세가 기록하지 않았다거나 심지어 모세의 시대에 작성되지 않았다는 추론은 그 밑동이 잘렸다.[4]

비평가들은 게다가 히브리 식 도덕률은 B.C. 1200년에 계발되었다고 보기에는 너무나도 수준이 높다고 주장한다. 그들은 그 정도로 진보된 사회 체제는 B.C. 800년대 이전에는 꿈도 꾸지 못했던 것이라고 말한다. 그러나 고고학계가 B.C. 1200년 훨씬 이전에 아카디아어로 기록한 함무라비 법전을 발굴했다. 이 법률은 비단 모세의 시대뿐 아니라 그보다 훨씬 이른 시기에 이미 그같이 수준 높은 도덕률이 실제로 존재했다는 점에서 모세의 율법과 거의 평행을 이룬다.[5]

문서설은 또한 레위기에서 몇몇 까다로운 표현과 구절은 B.C. 1200년 이전에는 사용되지 않던 어구라고 억단한다. 그러면서 오경은 그 기록연대를 훨씬 뒤로 물려야 한다고 했다. 예를 들어, 그들은 "온전한 번제"(kalil, 칼릴), "화목제"(shelamim, 쉘라밈), "속건제"(asham, 아샴)를 언급한다. 그러나 고고학자들이 라스샴라 토판들(B.C. 1400년경)을 발굴함으로 이런 비평은 완전히 철회되었다. 토판들에는 다량의 우가리트어 문서가 포함되어 있고, 레위기에 나오는 전문적인 제의적 용어들이 대거 적혀 있다. 이 발굴로 이들 용어가 이미 모세와 정복 시대에 팔레스타인에서 통용되었다는 것이 드러났다. 따라서 레위기에 기술된 용어의 기원을 훨씬 후대로 잡아야 한다는 모든 논리와 주장은 그 근거를 잃었다.[6]

이런 발견을 위시해서 여타의 증거는 모세가 참으로 오경 전체를 기록했다는 견해를 압도적으로 지지한다.

성경 기자는 직접 경험한 지식을 가지고 있는가?

당신은 DIY를 다룬 책을 읽어본 적이 있는가? 가히 모든 분야에서 상상을 초월할 정도로 이와 관련한 책들이 넘쳐난다. 가구 자작하기를 위시해서, 주택 개량 직접 하기, 개집 손수 만들기, 자동차 자가 수리하기, 하루 5만 원씩 쓰면서 혼자 세계 여행하기 등이 있다. 나는 종종 이 DIY 저자들은 과연 얼마나 그 해당 작업에 정통할는지 궁금하다. 그들은 정말 혼자서 개집을 짓거나, 차를 수리하거나, 혹 하루 5만 원에 세계 여행을 해 봤을까? 상당수의 작가가 본인이 가본 적도 없는 장소나 일면식도 없는 사람에 대하여 글을 쓴다는 것을 안다면 당신은 경악을 금치 못할 것이다. 실제로 어떤 작가는 원천 지식도 없이, 또는 일차 자료도 사용하지 않고 책을 쓴다. 그들이 의지한 것이라고는 그저 풍문이나 전설 또는 상상력이다. 일차 자료의 사용은 어떤 문서에 대한 내부 증거 검사에서 핵심이 되는 척도이다.

이사야, 에스겔, 느헤미야, 에스라, 예레미야 같은 구약의 많은 기자는 이스라엘에게 일어났던 일과 하나님이 그 백성이 알기 원하셨던 것에 대한 경험적 지식이 있었다. 그들은 본인이 참여했던 사건을 기록했고, 그 사건에서 그들이 직접 겪었던 경험을 글로 남겼다. 내부 증거 검사의 경우, 그같이 기자들 본인이 자기가 기록한 사건과 지리적으로 그리고 연대순으로 가까울수록 그들에 대한 신뢰도가 더욱 커진다. 이것은 구약과 신약의 기자들에게서 공히 볼 수 있는 확실한 사례이다.

신약 대부분을 구성하는 예수님의 생애에 대한 기록, 초대교회의 역사, 각종 서신은 모두 기자들 본인이 직접 목격한 것을 기록했거나 동시대에 살던 이들의 증언을 그대로 옮겨 적은 것이다. 이런 일차 자료는 신약 본문의 신뢰성을 공고하게 다진다.

복음서의 기자인 마태, 마가, 요한 등을 가리켜 이렇게 말할 수 있다. "이를 본 자가 증거하였으니 그 증거가 참이라"(요 19:35). 세 번째 복음서와 사도행전을 쓴 의사 출신 누가는 그들이 듣고 본 것을 기록했다며 그들의 정통성을 확인한다. "우리 중에 이루어진 사실에 대하여 처음부터 목격자와 말씀의 일꾼 된 자들이 전하여 준 그대로 내력을 저술하려고 붓을 든 사람이 많은지라"(눅 1:1~2). 누가는 이런 정확한 증언을 기록으로 남긴 이유를 이렇게 밝힌다. "이는 각하가 알고 있는 바를 더 확실하게 하려 함이로라"(눅 1:4). 마태와 요한은 본인들 자신이 자기가 기록한 일들의 증인이다. 그래서 요한은 "우리가 보고 들은 바를 너희에게도 전함은"(요일 1:3)이라고 말했다. 사도 베드로도 목격자였다. 그는 두 번째 서신에서 이렇게 단언한다. "우리 주 예수 그리스도의 능력과 강림하심을 너희에게 알게 한 것이 교묘히 만든 이야기를 따른 것이 아니요 우리는 그의 크신 위엄을 친히 본 자라"(벧후 1:16). 신약의 서신서 대부분을 쓴 사도 바울은 다메섹으로 가는 길에서 예수님을 직접 보았고, 예수님이 세상에 계실 때 함께 지내던 다른 사도들과 여러 증인을 주기적으로 만났다.

일부 비평가들은 이들 초기 제자들이 오히려 예수님의 일화를 쉽게 조작했을 가능성이 있다고 제기한다. 그러나 맨체스터 대학교의 성경 비평학 교수였던 F. F. 브루스는 그런 주장에 대해 논박했다. 신약에 기록한 목격자 진술의 가치에 관해 그는 이렇게 말한다.

> 초기에 복음을 전하던 설교자들은 최초 증언의… 가치를 알았기에, 틈만 나면 그것을 거듭해서 피력했다. "우리는 이 모든 일의 증인이라"고 그들은 끊임없이 자신 있게 주장했다. 그리고 무엇이 일어났고 무엇이 일어나지 않았는지 또렷하게 기억하는 예수님의 제자들이 엄청나게 많이 생존했던 초창기에, 그 어떤 기자도 예수님의 교훈과 행적을 날조할 생각은 꿈도 꾸지 못했다.[7]

초기 기자들의 모든 증언에 신빙성이 더욱 큰 이유는 그 내용을 이미 다 알고 있는 독자들에게 – 심지어 적의를 가진 반대자들에게 – 조금이라도 틀린 이야기를 할 경우 그들이 가만히 있을 턱이 없었기 때문이다. 그래서 이들 성경 기자들은 시퍼렇게 눈을 부릅뜨고 있는 여러 증인이 있다는 사실을 다음과 같이 그들의 증언 속에 포함한다.

"이스라엘 사람들아 이 말을 들으라 **너희도 아는 바와 같이** 하나님께서 나사렛 예수로 큰 권능과 기사와 표적을 너희 가운데서 베푸사 너희 앞에서 그를 증언하셨느니라"(행 2:22, 강조를 더함).

"바울이 이같이 변명하매 베스도가 크게 소리 내어 이르되 바울아 네가 미쳤도다 네 많은 학문이 너를 미치게 한다 하니 바울이 이르되 베스도 각하여 내가 미친 것이 아니요 참되고 온전한 말을 하나이다 왕께서는 이 일을 아시기로 내가 왕께 담대히 말하노니 **이 일에 하나라도 아시지 못함이 없는 줄 믿나이다** 이 일은 한쪽 구석에서 행한 것이 아니니이다"(행 26:24~26, 강조를 더함).

이와 비슷한 증언이 사도행전 2장 32절, 3장 15절, 13장 31절과 고린도전서 15장 3~8절에도 나온다. 브루스는 이렇게 지적한다. "사도들이 전한 설교의 특징은 청중이 이미 보유한 지식에 확신을 더하라고 호소했다는 점이다. 그들은 '우리는 이 모든 일의 증인이다'라고만 하지 않고, 또한 '너희도 아는 바와 같이'(행 2:22)라고 말했다. 물리적 증거 능력이 모자란 어떤 사실을 적대감을 가진 증인이 있는 데서 말했을 경우, 그로 인해 발생할 저항은 엄청날 수밖에 없다."[8]

사실상 제자들은 이렇게 말한 것이다. "주변 사람들에게 확인해보라. 우리가 지금 하는 얘기는 모두가 알고 있는 사실이다!" 이러한 도전적인 발언에서 우리는 그들의 기록이 전부 사실에 따랐다는 궁극의 확신을 하게 된다. 부르스는 이렇게 요약한다.

"유력한 증인들 가운데는 초기 설교자들에게 호감을 느낀 자만 있던 것이 아니다. 예수님의 사역과 죽음에 대한 중요 사실에 정통했지만, 그것을 별로 발설하고 싶어 하지 않던 자들도 있었다. 그러니 제자들이 부정확한 말(고의로 사실을 날조한 말)을 위험을 무릅쓰고 했을 리 만무하다. 일단 그랬다가는 사람들이 자발적으로 나서서 그런 사실을 폭로했을 것이다."[9]

제자들은 자기들에게 폭력까지 쓰면서 반대하던 자들에게도 직언으로 실제 이렇게 말한 셈이다. "여러분도 역시 이 사실이 맞는다는 것을 알고 있소. 우리가 틀렸다면 반박해 보시오!" 물론 그들이 거짓을 퍼뜨리려 했다면 이런 식으로 무모하게 행동하지 않았을 것이다.

일부 비평가들은 기자들 자신이 목격자가 되어서 기록했으며 그 당시에 여러 증인도 생존해 있었다는 이런 명백한 증거들을 모두 부인한다. 그들의 말에 따르면 사후에 일 세기 이상 지난 시점에서 가상의 저자가 신약의 내용을 위작했다는 것이다. 만일 복음서에 기록한 담론이 제자들보다 한참 후대의 작가들이 억지로 짜 맞춘 것이라면, 따져볼 것도 없이 그 위작 자들이 그리스도의 기적뿐 아니라 예수님의 제자들이 자기들의 이야기의 진실성을 청중들에게 확인시켰던 일도 날조했다는 셈이 된다.

바로 그런 이유로 원전의 작성 시기가 매우 중요하다. 사실, 신약은 사후 일 세기 이상이 지난 시점이 아니라, 그 속에 등장하는 인물들이 살아있는 동안에 기록했다는 것이 이미 확정된 상태이다. 앞의 여러 장에서 우리는 신약이 A.D. 100년 이전에 완성되었다는 것을 증명했다. 오늘날 신약 전체가 완성된 시기를 기존의 연대보다 십 또는 십이 년 앞서 잡아야 한다고 강력히 주장하는 학자들도 있다. 성경 고고학 분야에서 세계적인 권위자인 윌리엄 폭스웰 올브라이트는 이런 말을 한다. "이제 우리는 신약의 어떤 책도 그 기록 연대를, 현대의 급진적인 다수의 신약 비평가들이 제시한 130년과 150년 사이에서 겨우 두 세대 정도 빠른, A.D. 80년경 이후로 잡아야 할 확실한 근거는 단 한 개도 없다고 강력하게 말할 수 있다." [10] 올브라이트는 몇 년 뒤 출간된 한 잡지의 인터뷰 기사에서 이 점을 되풀이해서 말했다.[11] 올브라이트는 또한 쿰란의 사해 두루마리의 발견을 통해서 신약의 기록 연대를 예수님의 제자들이 생존했던 때로 앞당겨 잡아도 된다는 점을 깨달았다. "신약은 그리스도의 가르침과 그분을 직접 따르던 자들이 있던 A.D. 25~80년 사이에, 그 당시 사람들이 무엇을 믿었는지 그 사실을 적시해 놓은 책임에 틀림없다." [12]

사실 오늘날 학자들은 신약을 1세기에 기록한 참된 1차 자료로 여겨야 마땅하다. 심지어 많은 진보적인 학자조차 신약의 최초 기록 연대를 앞당겨서 봐야 한다고 강조하는 실정이다. 성공회 주교이며 신학자인 존 A. T. 로빈슨 박사는 분명 보수적인 학자가 아님에도 불구하고 그의 획기적인 저서인 신약 연대의 재설정(Redating the

New Testament)에서 깜짝 놀랄만한 결론을 내린다. 그가 연구를 통해 얻은 확신에 따르면 신약 전체는 A.D. 70년 예루살렘 멸망 이전에 기록하였다.[13]

그것을 입증하는 숱한 증거를 보면 대다수의 성경 기자는 본인이 그 사건을 직접 경험하였거나, 아니면 그 사건을 목격한 이들과 잘 아는 사이였던 그야말로 원천 지식을 가진 자였다. 무슨 명목을 갖다 붙여대도 성경은 내부 증거 검사에서 1차 자료 기준에 부합하는 신뢰성 있는 책이다.

성경은 모순이나 오류로 가득할까?

혹시 어떤 기회에, 당신도 보수적인 기독교 신학자들이 성경은 오류가 없다 고 주장하는 것을 듣거나 책으로 읽은 적이 있을 터이다. 그러나 다수의 사람은 그것이 의미하는 바를 헷갈려 한다. 성경의 무오성이라고 할 때, 사람들이 알고 있는 사실은 아래 내용이 거의 전부이다. 성경은 그 원본을 손으로 직접 쓴 기록자들이 있고, 또한 그것을 제대로 잘 해석해야 그 속에 기록된 내용이 진리로 드러나며 틀림이 없다고 단언할 수 있다. 하나님이 성경의 실제 저자이므로 성경에 오류가 없는 것은 당연한 이치다. 하나님이 자기 자신의 말씀을 계시하기 위하여 어떤 사람에게 영감하신 것이기에 성경 기자는 자기모순에 빠졌을 리 만무하고, 그런 이유에 놓고 봤을 때 그분의 말씀은 무오하다.

어쨌든 그렇게 여기는 가운데, 우리는 원본에서 복사한 것을 복사하고 그것을 또 복사한 숱하게 많은 성경 사본을 계속해서 접한다. 그리고 비록 필사자들이 심혈을 기울여 정교하게 복사했는데도, 여러 가지 오류가 발견된다. 그렇다고 비평가들이 우겨대듯 성경에 모순과 오류가 가득하다는 뜻은 아니다.

성경 속에 오류가 있다는 주장은 대부분 고대 문헌을 해석하는 기본 기준을 잘 몰라서 하는 소리이다. 학자들은 어떤 문헌에 오류나 모순이 있는지 명확하게 판별할 때 몇 가지 해석 원칙을 지침으로 삼는다. 여기 학자들이 성경에 적용하는 가장 탁월한 비평학적인 여섯 가지 원칙이 있다.

원칙1: 현재 설명하지 못하는 것이라 해서 설명할 수 없는 것은 아니다.
과학자들은 한때 별똥별, 일식과 월식, 토네이도, 허리케인, 지진 등 자연 현상을 설명하지 못했다. 그러나 그들은 그 모든 것을 과학적으로 설명할 수 없다고 결론짓지 않았다. 그와 마찬가지로 성경을 연구하는 기독교 학자들도 똑같이 **지금은 설명하지 못하는 것이라 해서 설명할 수 없는 것은 아니라고** 가정한다. 학자들은 단지 멈추지 않고 연구를 계속할 뿐이다. 아직 설명하지 못했다 해서 절대로 설명하지 못한다고 단정하는 것은 잘못이다.

원칙2: 본문의 문맥이 의미를 주도한다.

성경을 해석할 때 문맥 속에서 말씀의 뜻을 헤아려야 한다. 예를 들어, "하나님이 없다"(시 14:1)는 말씀이 성경에 나온다. 문자적으로 이것만 보면, 이는 심각한 자기모순이다. 그러나 문맥으로 보면, "어리석은 자는 그 마음에 이르기를 하나님이 없다 하도다"(강조를 더함)이다. 성경 비평가들이 범하는 중대 잘못은 구절을 볼 때 문맥을 놓친다는데 있다.

원칙3: 명료한 구절이 희미한 구절을 해명한다.

어떤 성경 구절은 다른 것과 모순되게 보이기도 한다. 요한복음 3장 16절에서는 하나님이 세상을 사랑한다고 말해놓고, 똑같은 저자가 요한일서 2장 15절에서는 "이 세상이나 세상에 있는 것들을 사랑하지 말라"고 한다. 그러나 요한일서를 읽어보면, 우리는 그것이 무슨 뜻인지 분명히 알 수 있다. 요한이 사랑하지 말라고 한 것은 세상에 있는 악한 유혹이다. 이에 비해 요한복음 3장 16절에서 하나님이 사랑하신 것은 세상 사람으로 그 뜻이 분명하게 대조된다. 이런 두 구절이 서로 모순된다는 가정은 시쳇말로 몰상식한 행동에 지나지 않는다.

원칙4: 성경은 인간적 특성이 배어있는 인간을 위한 책이다.

비평가들은 명백한 성경의 오류로 시편 19편 6절을 지적한다. "(해는) 하늘 이 끝에서 나와서 하늘 저 끝까지 운행함이여 그의 열기에서 피할 자가 없도다." 우리는 벌써 수세기 전부터 태양이 지구 주변을 도는 것이 아니라, 단지 지구가 자전함으로 태양이 움직이는 것처럼 보인다는 것을 알고 있다. 비평가들도 아름다운 저녁노을을 보면서 부지중에 그것이 정확하지 않은 비과학적 용어란 사실을 무시한 채 "해가 진다"라고 말한다. 성경은 비전문적이고, 통속적이며, 일반적이고, 잘 알려진 문학적 표현을 사용한다. 어떤 대목에서는 어림수를 쓰고, 다른 대목에서는 정확한 숫자를 사용한다. 이런 일상의 언어 사용을 문제 삼아 모순이라고 하는 것은 가당치 않다.

원칙5: 불완전한 기록이라도 틀린 기록이 아니다.

마가복음 5장 1~20절과 누가복음 8장 26~39절에서 예수님이 귀신들린 자를 만났다고 한다. 그런데 병행구인 마태복음 8장 28~34절에서는 그 장소가 가다라이고, 귀신들린 자가 두 명이었다고 말한다. 이것은 모순일까? 마가와 누가는 그 사건을 목격한 사람이 아니었다. 그래서 좀 더 중요한 것에 집중해서 그것을 기록으로 남기다 보니 귀신들린 자가 두 명이란 것과 그 외 다른 것을 간과했을 수 있다. 그들의 기록이 불완전하긴 해도 그것이 모순은 아니다. 마태가 제공한 완전한 정보로 그런 부분을 채우면 된다.

원칙6: 사본 속 오류를 원본의 오류로 봐서는 안 된다.
우리는 이 원칙을 이미 다룬 바 있다. 간략히 말해서, 학자들은 상식선에서 초기 사본과 후기 사본을 비교 분석하여 필사자들의 오류를 크든 작든 얼마든지 짚어낼 수 있다. 그래서 얻어낸 타당성 있는 결론은 원본의 기록연대에 훨씬 더 가까운 필사본일수록 더욱더 정확하 다는 가설이다.

일부 오류와 명백한 모순을 검토함

상기한 해석 원칙을 염두에 두고, 성경에 내재한다고 추정하는 오류와 명백한 모순을 살펴보자.

상당수 성경학자가 성경 속에 다수의 철자법상의 차이와 잘못된 숫자가 있다는 의견을 아무렇지도 않게 수용한다. 예를 들어, 신약의 일부 사본에 요한의 이름을 헬라어로 표기할 때 "누"(ν)라는 철자를 한 개만 사용한다. 다른 경우에는 두 개의 철자를 사용한다(역자 주 – 헬라어로 요한은 요아네스[Ἰωάννης]인데 가운데 '누'라는 글자 두 개가 들어감). 원칙적으로 따진다면 이것은 오류이지만, 학자들이 크게 문제 삼지 않는 아주 사소한 부분이다.

느헤미야 2장 19절에 아라비아 사람 게셈이 나온다. 그런데 불과 몇 장 뒤에 그의 이름을 "가스무"(느 6:6)로 해 놓았다. 이것을 오류로 볼 수 있다. 그러나 자세히 조사해 보면, 같은 이름이지만 그것은 단지 히브리어와 아라비아어 사이의 발음상의 차이란 것을 알 수 있다. 느헤미야 2장 19절에는 그 이름이 히브리 식으로 적혀있다. 느헤미야 6장 6절에서는 아라비아 식으로 표기되어 있다. 얼핏 보기에 오류인 듯하지만, 실제로는 아니다.

여타의 경우에 있어서, 실제적인 오류는 필사자가 히브리어 본문을 복사할 때 생긴다. 그들도 인간이라서 필사자가 피곤하기도 하고 졸기도 하면서 복제하는 과정에서 이런 저런 실수한 것이다. 예를 들어, 일부 헬라어 사본과 고대 시리아어 번역본에서, 아하시야 왕이 예루살렘을 통치하기 시작한 나이가 42세라고 적혀있다(대하 22:2 참조). 그런데 열왕기하 8장 26절에는 아하시야가 22세에 통치를 시작했다고 되어 있다.

실제에 있어서, 아하시야가 통치를 시작한 나이는 42세가 아니었을 것이다. 왜냐하면 그렇게 되면 그의 나이가 자기 아버지 보다 더 많은 것이 되기 때문이다. 그의 아버지 요람은 그 아들이 왕이 되기 전, 32세에 왕이 되었다. 요람은 그로부터 8년 후인 40세에 사망했다. 아하시야는 열왕기하에 적힌 대로 22세였던 것이 분명하다. 따라서 역대하 22장 2절은 필사자가 잘못한 것이 확실하다.

역대하 9장 25절을, 어떤 사본에는, 열왕기상 10장 26절과 역대하 1장 14절에서 언급한 솔로몬 왕이 보유한 1,400대의 병거 메는 말의 외양간이 4,000개였다고 적어 놨다. 일부 헬라어 사본은 솔로몬이 "40,000개의 외양간"을 소유했다고 기술한다. 서로 다르다. 필사자가 실수로 4,000개의 외양간에 몇 글자를 더 적어 넣은 것 같다. (역자주 - 이 숫자를 헬라어로 표기할 때 1,000 앞에 각각 4[τέσσαρες, 테사레스]와 40[τεσσαράκοντα, 테사라콘타]이라 쓴다. 두 숫자의 글자가 얼마나 비슷한지 비교해 보라).

사본 필사 과정에서 생긴 위와 비슷한 오류가 사무엘상 13장 5절에서도 발견된다. 블레셋이 보유한 병거가 30,000대며 마병이 6,000명이라고 한다. 자연스럽게 어째서 그 많은 병거에 비해서 마병의 숫자가 적으냐는 의문이 생길 수 있다. 고대 시리아어(아람어) 사본과 몇 가지 헬라어 셉투아진트(70인 역) 번역본에는 병거의 숫자가 3,000이라고 적혀있다. 이 경우도 마찬가지이다. 필사자가 복사하면서 실수로 숫자를 첨삭했을 가능성이 짙다. 이처럼 필사 과정에서 실수하게 되면 그것을 보고 복사한 후대의 복사본에 그 오류가 연속해서 그대로 이어진다.

이런 유형의 복제 오류는 얼마든지 이해할 수 있으며 딱히 본문의 의미를 왜곡하지 않는다. 그러나 실로 해결될 기미가 보이지 않는 명백한 모순이 성경 속에 있다. 이미 상술한 내용이지만, 만일 원전에도 모순이 있는 것이 분명하다면, 이는 하나님 자신이 모순의 주체인 셈이니 너무도 심각한 문제가 아닐 수 없다. 그리고 비평가들은 이 명백한 모순을 서둘러 일일이 열거하며 지적해 놓았다. 그러나 좀 더 자세하게 조사해보면, 아직은 모순처럼 보이는 이런 부분들이 다 해결될 것이다.

예를 들어, 예수님의 무덤에 있던 한 천사에 대한 마태의 기록(마 28:2)은 두 천사가 그곳에 있었다는 누가의 기록(눅 24:4)과 판연히 달라 보인다. 비평가들이 이것을 성경의 모순으로 손꼽을 수 있다. 실제로는 전혀 그렇지 않다. 마태는 그 무덤에 오직 한 천사만 있다고 말하지 않는다. 만일 그랬다면, 누가의 기록과 모순되었을 것이다. 마태는 단지 한 천사가 말을 건넸다는 것을 알렸을 뿐이다.

이것은 가령 당신이 나에게 어제 식료품 가게에 다녀왔다고만 말했다가, 며칠 후 사실은 친구와 함께 갔었다고 말하는 것보다 훨씬 더 못한 것으로 아예 모순도 아니다. 당신이 나에게 일부만 말했다고 해서 그것을 탓할 일이 아니다. 이것이 곧 해석의 원칙 중에 불완전한 기록이라도 틀린 기록이 아니라는 것의 의미이다. 당신이 누구와 함께 가게에 다녀왔는지 빼놓고 말했다 해서 당신이 해준 첫 번째 이야기가 틀린 것은 아니다. 누가와 마태가 한 천사나 두 천사로 각각 다르게 기록했다고 해서 그것이 모순되는 것은 아니다.

다른 명백한 모순들은 굉장히 도전적이다. 한 가지 예를 들자면, 가룟 유다의 죽음에 관련한 마태와 베드로의 설명이 다르다. 사도행전 1장에서 베드로는 이렇게 말한다 "이 사람이 불의의 삯으로 밭을 사고 후에 몸이 곤두박질하여 배가 터져 창자가 다 흘러 나온지라"(행 1:18). 마태의 기록은 꽤 달라 보인다. 그는 그 죽음을 이런 식으로 기술한다. "유다가 은을 성소에 던져 넣고 물러가서 스스로 목매어 죽은지라"(마 27:5). 두 가지 기록은 모순된다. 그렇지 않은가? 실제로는 그렇지 않다.

마태는 유다가 떨어진 얘기를 꺼내지 않았다. 베드로는 유다가 스스로 목맨 것을 말하지 않았다. 이는 한 사람은 맞고 다른 사람은 틀리는 그런 문제가 아니다. 두 사람 모두 진실을 말한 것이라면, 이쪽이 말한 내용에 저쪽의 진술을 단순히 보완해 넣으면 된다.

이런 식으로 사건을 재구성해 볼 수 있다. 유다는 자기가 구매한 밭이 내려다보이는 절벽 끝에 있는 어떤 나무에 스스로 목을 맸다. 얼마간 그곳에 달려 있다가, 더는 그의 축 늘어진 몸무게를 못 버틴 나뭇가지가 갑자기 부러지면서 밧줄이 밀려 내리자 절벽 아래로 그가 곤두박질했고, 그 과정에서 몸이 터졌다.

유다가 곤두박질한 것이 죽기 전인지 후인지 모르지만 좌우간 그가 죽은 것은 틀림없다. 그 지역에 분포한 골짜기의 지형을 조사해 봤을 때, 자연스럽게 그랬을 가능성이 크다. 그 골짜기의 최저부에서부터 암석이 켜켜이 층을 이루어 8m에서 24m 높이까지 쌓여있고, 거의 깎아지른 낭떠러지로 되어 있다.

지금도 그 암벽 위에는 주변으로 나무들이 자라고 있고, 낭떠러지 아래 표층은 바위로 되어 있다. 그러므로 유다가 추락하면서 들쭉날쭉한 바위 중 어느 하나에 부딪혀서 그 몸이 터진 것이라고 쉽게 결론내릴 수 있다. 마태와 베드로는 유다의 죽음을 각기 다른 시각에서 봤던 것일 뿐, 서로 모순되지 않는다.

여기 의문이 하나 있다. 구약에서 누가 거인 골리앗을 죽였을까? 실제로 모든 사람이 사무엘상 17장 50~51절의 기록대로 다윗이 골리앗을 죽였다고 안다. 그러나 대다수 현대판 번역 성경의 원문으로 삼는 마소라 본문은 사무엘하 2장에서 엘하난이 "가드 골리앗을 죽였다"(삼하 21:19, 마소라 본문)라고 한다. 이는 성경 기록의 명백한 모순으로 보인다.

그러나 역대상에 사무엘하에 나오는 똑같은 전투가 기록되어 있다. 거기에는 엘하난이 "가드 사람 골리앗의 아우 라흐미를 죽였는데"(대상 20:5)라고 적혀있다. 이것은 사무엘하 21장 19절의 필사자가 마소라 본문을 복사하면서 "아우 라흐미"라는 문구를 실수로 빼먹은 것이다. 최근에 번역한 성경에는 난외주에 번역자가 이를 교정하여 본문에 "아우 라흐미"를 덧붙였다고 써 놓았다.

글리슨 L. 아처 박사는 새 미국인 표준성경(NASB)와 신국제역(NIV) 번역 팀에서 일했던 존경받는 성경학자며, 신학자이며, 교육자였다. 그는 탁월한 신학교수로서 27개 국어를 유창하게 구사했다. 아처 박사는 그의 책 **성경난제백과사전**(Encyclopedia of Bible difficulties – 생명의 말씀사)의 서문에서 성경의 내부 증거에 대해 이런 간증을 했다.

나는 이것과 저것 사이에 일치하지 않는 것을 다룰 때마다 그

추측성 모순을 연구하면서 그 성경의 기록을 언어학적 증거, 고고학적 증거, 혹은 과학적 증거로 검토해 보는데, 고대로부터 현대에 이르기까지 인간이 발견해 낸 성경 속의 거의 모든 문제가 성경본문 자체 – 혹은 사실에 입각한 고고학적 정보 –로 완벽에 가까울 정도로 만족스럽게 처리되는 것을 숱하게 겪으면서 성경의 신뢰성에 대한 나의 믿음을 되풀이해서 확인하고 강화했다. … 성경에 대해 크게 일어난 모든 비난을 논파할 수 있는 훌륭하고 충분한 대답이 성경 자체 속에 들어 있다.[14]

우리가 확신한 바대로 성경 본문 가운데 모순이라고 밝혀진 것은 하나도 없다. 사실 목격자들의 증언에 터 잡고 있기에 더욱 그러하다. 성경은 내부 증거 검사를 이미 거친 책이다. 성경을 손에 들고 그 말씀을 읽을 때, 당신을 위해 마련한 하나님의 진심어린 메시지를 지금 받고 있다고 얼마든지 확신해도 된다.

그런데 혹 하나님이 다른 종교 경전을 통해서도 말씀하지 않으실까? 하나님이 타종교의 저자들과는 소통을 단절한 채 아무런 영감도 하지 않으셨다는 것은 너무 배타적인 것이 아닐까? 다음 장에서 이런 문제를 다뤄보기로 하자.

14장

다른 종교 경전도 성경일까?

다른 종교 경전도 성경일까?

하나님이 창조하신 세상은 그야말로 요지경이다. 동식물의 세계를 보면 다채로움 그 자체이다. 두 사람의 외모, 체격, 성격, 사고방식이 판박이로 같은 것을 본 적이 있는가? 심지어 똑같이 생긴 쌍둥이도 우리의 상상과는 달리 개인차가 뚜렷하다. 인간은 각기 개성도 다르고 삶을 보는 관점도 제각각이다. 그러기에 만물을 다양하게 하신 하나님이 그분의 진리를 그 많은 타종교의 경전에 담아서 전달했다는 것이 오히려 더 이치에 닿지 않을까? 그분이 과연 달랑 성경 하나와 한 가지 종교만 택해서 자신과 자신의 진리를 계시하셨을까? 그런 고집불통의 배타적인 하나님은 있을 수 없다며 현대인들은 고개를 절레절레 흔든다.

미국의 여론조사 전문기관, 퓨 리서치 센터는 2012년 12월에 "전 세계 종교 현황"(The Global Religious Landscape)이라는 제목의 인구통계학 자료를 출간했다. 그 보고서에 따르면 전 세계 인구의 3분의 1(32%)은 기독교이고, 23%는 무슬림, 15%는 힌두교, 7%는 불교, 0.2%는 유대교, 그리고 7% 미만은 다양한 전통적인 토속 신앙으로 아프리카 전래 종교, 중국의 토속신앙, 아메리카 원주민 종교, 그리고 바하이교, 자이나교, 시크교, 도교, 마법 숭배 등이었다. 나머지 16%는 무종교였다.[1]

지구 인구 절반 이상은 유대교와 기독교 공통의 성경 대신 저들 나름대로 신이나 초월자에게서 받았다는 경전을 가지고 있다. 따라서 자연스럽게 이렇게 질문할 수 있다. "조쉬, 아직도 당신은 하나님에게 가는 길은 오직 하나이고, 그분은 스스로 한계를 정하여 성경이라는 단 한 권의 책에 자기 계시를 했다고 주장하고 있소?"

분명히, 단언하건대, 나는 기독교와 성경만이 절대적으로 유일하다고 말한다. 세상 인구의 50% 이상이 거짓을 붙들고 있다고 감히 선언한다. 나는 도리어 그런 주장을 펼쳐서는 안 된다는 사람들이 그저 놀라울 뿐이다.

내가 뭐라고 성경에 계시된 것을 믿는 나의 신앙만이 유일하고 참된 종교라고 말하겠는가? 이제 당신이 이런 점에서 나를 판단하기 전에, 그보다 앞서 내가 하나님의 감동으로 된 성경 말씀만이 참되고 한 분뿐이신 하나님의 유일한 계시라고 믿는 이유를 밝히려 한다. 그런데 이런 주장의 진원지는 내가 아니다. 하나님 자신이다. 그분은 하나님만이 참되고 유일한 분이고 성경은 인간을 위해 주신 그분의 참된 계시의 말씀이라고 주장한다. 나는 그저 그러한 그분과 그분의 말씀을 믿기로 선택한 것뿐이다.

하나님은 자신은 한 분뿐이고 유일하다고 말씀하신다

삼천 년도 더 된 시절에 시내산에서 모세는 하나님이 이스라엘 자손에게 하는 이런 말씀을 들었다.

> "이것을 네게 나타내심은 여호와는 하나님이시요 그 외에는 다른 신이 없음을 네게 알게하려 하심이니라 여호와께서 너를 교훈하시려고 하늘에서부터 그의 음성을 네게 듣게 하시며 땅에서는 그의 큰 불을 네게 보이시고 네가 불 가운데서 나오는 그의 말씀을 듣게 하셨느니라… 그런즉 너는 오늘 위로 하늘에나 아래로 땅에 오직 여호와는 하나님이시요 다른 신이 없는 줄을 알아 명심하고"
>
> (신 4:35~36, 39).

모세는 단 한 분뿐인 이 하나님과 대화했다. 그분은 모세에게 자기는 "아브라함의 하나님, 이삭의 하나님, 야곱의 하나님"(출 3:15)이라고 하신다. 그분은 훗날 선지자 이사야에게 자신이 누구신지 계시한다. "나는 하나님이라… 나는 하나님이라 나 같은 이가 없느니라… 나의 뜻이 설 것이니 내가 나의 모든 기뻐하는 것을 이루리라"(사 46:9~10). 이 하나님은 "영원하신 하나님 여호와, 땅 끝까지 창조하신 이"(사 40:28)이다.

이러한 하나님이 자신을 모세와 여러 선지자에게 계시했고 그들에게 영감해서 다섯 권의 율법서, 여덟 권의 선지서, 열한 권의 시가서를 쓰게 했다. 그리고 그분이 자신을 모세와 여러 선지자에게 계시한 이후 수백 년이 흐른 뒤, 자기 자신을 가장 빼어난 한 분을 통해 극적인 방법으로 다시 또 계시하신다. "말씀이 육신이 되어 우리 가운데 거하시매 우리가 그의 영광을 보니 아버지의 독생자의 영광이요 은혜와 진리가 충만하더라"(요 1:14). 이처럼 육신이 되신 분은 바로 요한이 말씀이라고 부른 예수님이다. 요한은 예수님을 옛날부터 선지자들이 예언해 왔던 바로 그분이라고 소개한다. 구약에 산재한 60개의 주요 예언과 270개 이상의 메시야 대망 구절이 예수 그리스도라고 불리는 이 한 분 안에서 성취되었다. 이 아브라함, 이삭, 야곱의 하나님이 성육신하여 인간 가운데 거하셨다. 그분이 십자가에 못 박혀 죽고, 다시 살아난 후, 제자들에게 이렇게 말씀하신다.

"내가 너희와 함께 있을 때에 너희에게 말한바 곧 모세의 율법과 선지자의 글과 시편에 나를 가리켜 기록된 모든 것이 이루어져야 하리라 한 말이 이것이라 하시고 이에 그들의 마음을 열어 성경을 깨닫게 하시고 또 이르시되 이같이 그리스도가 고난을 받고 제삼일에 죽은 자 가운데서 살아날 것과 또 그의 이름으로 죄 사함을 받게 하는 회개가 예루살렘에서 시작하여 모든 족속에게 전파될 것이 기록되었으니 너희는 이 모든 일의 증인이라"(눅 24:44~48).

예수님은 참되고 유일한 하나님이 자기 아들을 희생 제물로 보내사 그분을 믿는 모든 자를 건지려 한다는 구원 계획을 이사야, 요엘, 아모스의 예언을 통해 말씀한다. 율법서, 선지서, 시편 모두 성육신한 이 하나님이 죽고 다시 사심으로, 인간이 하나님과 화목하여 영원토록 그리스도와 사귐을 갖는 새 생활을 하게 된다는 사실에 초점을 둔다.

당신도 알다시피, 기독교는 그리스도인이라고 불리는 광신자들로 구성된 배타적인 종교집단이 아니다. 기독교는 **온 인류에게** 자신을 계시한 아브라함, 이삭, 야곱의 하나님을 믿는다. 그분은 자기밖에 모르는 무슨 타락한 인간성을 가진 분이 아니다. 그분은 자신을 기꺼이 내어주신 창조주 하나님이다.

"예수께서 이르시되 나는 부활이요 생명이니 나를 믿는 자는 죽어도 살겠고 무릇 살아서 나를 믿는 자는 영원히 죽지 아니하리니"

(요 11:25~26).

"너희가 만일 내가 그인 줄 믿지 아니하면 너희 죄 가운데서 죽으리라"(요 8:24).

"예수께서 이르시되 내가 곧 길이요 진리요 생명이니 나로 말미암지 않고는 아버지께로 올 자가 없느니라"(요 14:6).

선한 취지에서, 예수님은 자신만이 하나님께로 나아오는 유일한 길이라고 그 실상을 알려 주신 것이다. 세상의 죄를 해결하려면 거룩하고 온전한 희생 제물이 필요한데, 그럴 수 있는 자격을 갖춘 이는 완전한 하나님과 완전한 인간인 예수님 한 분밖에 없다. 구약과 신약 성경에만 인간을 구속하기 위한 하나님의 유일한 계획이 적혀 있다. 결과적으로 다른 모든 종교와 그들의 경전은 결코 구원의 수단이 될 수 없다.

다른 하나님도 없고, 다른 성경도 없다

사람들이 나에게 이렇게 말한다. "알라도 하나님이고, 쿠란도 성서 아닌가요? 알라와 기독교의 하나님은 같고 쿠란에도 선한 교훈이 담겨있지 않나요? 같은 하나님인데 사람들이 그분에게 가는 방법만 약간 다른 거잖아요?"

이슬람교에서 쿠란을 하나님(알라)의 계시로 신봉하는 것은 사실이다. 그들은 마호메트가 40세가 되던 해(A.D. 610년)에 천사 가브리엘의 입을 통해 계시가 말로 전달되었다고 믿는다. 그들은 마호메트가 천사에게 전달받은 메시지를 23년 넘게 머릿속에 잘 기억해 두었다고 말한다. 마호메트가 죽은 후(A.D. 632년) 곧바로, 쿠란이 단권으로 편찬된다. 현재 쿠란은 114개의 장, 또는 수라(surah)로 구성되어 있는데, 분량이 기독교의 신약성경 정도 된다. 이슬람교에서는 아라비아어 원어로 쓰인 쿠란을 신이 주신 문헌으로 여긴다. 그들은 쿠란에는 모든 인간을 위한 신의 지시가 담겼다고 믿는다. 그들은 마호메트는 예수님을 대치한, 신의 마지막 예언자였고, 쿠란은 인간을 위해 준 신의 최종 계시하고 말한다.

그런데 정말로 쿠란에서 알라를 기독교 성경 속 하나님과 자웅을 겨룰 수 있는 그런 동급의 초월자로 묘사하고 있을까?

성경은 모세가 특별히 하나님께 주님을 누구라고 해야 하냐고 물었다고 말한다. 모세는 애굽에서 종살이 하는 동족에게 하나님의 이름을 알려 자기를 임명하여 그들에게 보낸 분이 누구란 것을 확인시켜 주고 싶었다. "하나님이 모세에게 이르시되 나는 스스로 있는 자[여호와 또는 야훼]이니라 또 이르시되 너는 이스라엘 자손에게 이같이 이르기를 스스로 있는 자[여호와]가 나를 너희에게 보내셨다 하라"(출 3:14). 쿠란에는 단 한 번도 알라를 야훼(여호와)로 언급하지 않는다. 하지만 구약에는 하나님의 이름인 야훼가 6,800번 이상 등장한다.

쿠란의 알라와 기독교 성경의 야훼 사이의 또 다른 중요한 차이가 있다. 누가복음에 기록한 내용을 보면 한 천사가 마리아를 찾아와서 그녀가 처녀로서 아기를 낳을 것이라고 말한다. 천사가 이렇게 말했다. "이러므로 나실 바 거룩한 이는 하나님의 아들이라 일컬어지리라"(눅 1:35). 비록 순수 이슬람교에서는 이런 특이한 일은 절대로 일어날 수 없다고 완고하게 반대하지만, 성경은 예수님을 야훼의 영원하신 아들로서 성육신한 분이라고 단언한다.

이런 두 가지 차이 외에, 그 속성에 있어서 쿠란에 등장하는 최고 존재와 기독교 성경 속 하나님과 크게 대조되는 차이점이 있다. 쿠란은 성경이 말하는 야훼와 마찬가지로 알라를 영원하고, 전능하고, 전지하며, 거룩하고, 의롭고, 자비한 것으로 묘사한다. 그러나 쿠란은 그러한 속성은 알라의 본성이기보다는 그의 **의지**라고 주장한다. 달리 말해, 알라는 그가 선을 행하기 때문에 선하다는 것이지, 선이 그의 본질적 속성은 아니다.

그러나 성경은 그와는 전혀 다른 하나님을 계시한다. 성경은 하나님의 본성과 본질을 "선하시고 정직하시니"(시 25:8)라고 계시한다. 그분은 "거룩하고 진실"하다(계 3:7). "그는 반석이시니 그가 하신 일이 완전하고 그의 모든 길이 정의롭고 진실하고 거짓이 없으신 하나님이시니 공의로우시고 바르시도다"(신 32:4). "여호와께서는 그 모든 행위에 의로우시며 그 모든 일에 은혜로우시도다"(시 145:17). "여호와의 정직하심과 나의 바위 되심과 그에게는 불의가 없음이 선포되리로다"(시 92:15). 선하심과 의로우심은 하나님의 본질이지, 수시로 바뀌는 무슨 변덕이 아니다. 이런 속성이 그분이 가진 본성의 핵심이다. 성경과 쿠란은 두 개의 매우 다른 신관을 제시한다는 것을 이제부터 하는 이야기에서 확인할 수 있다.

예전에 나는 남아프리카에서 무슬림들에게 기독교 신앙을 증거하며 대화를 나눈 적이 있다. 대화중에 나는 일관된 하나님의 선하신 속성을 강조했다. 나는 하나님은 항상 그분이 지닌 의로운 본성을 따라 행동한다고 말했다. 그분의 **행위**는 항상 그분의 **본질**과 일치한다고 얘기했다.

대화를 마친 후, 무슬림 청년이 나에게 다가와서 이렇게 말했다. "당신의 신관은 알라에 대한 나의 개념과 달라요. 알라는 전능하죠. 알라는 그 능력으로 무엇이든 다 하는 거예요."

"알라는 거짓말도 하고 속이기도 하고 그러나요?" 내가 물었다.

"물론이죠. 알라는 모든 일을 다 해요. 그는 당신의 하나님같이 제한하는 게 없어요. 그는 사랑하고 싶으면 사랑을 해요. 미워하고 싶으면 미워하고요. 알라는 전능해요"라며 그가 대답했다.

"알라는 당신이 한 일에 벌을 주기도 하나요?"하며 내가 물었. "심지어 착한 일을 했는데도요?"

"만일 알라가 그 일을 좋아하지 않으면, 그는 나를 벌하죠."

"그렇다면 당신은 알라가 어떻게 반응할지 전혀 알 수가 없겠네요, 그래요?"

그는 잠시 생각했다. "그래요. 그가 어떻게 할지 나는 절대로 알 수 없어요." 그는 말을 멈추더니 이내 한 마디 더한다. "그런데 나는 알라가 전능하다는 것을 알아요."

나는 고개를 절레절레 흔들었다. "자 봐요. 만일 내가 알라를 섬긴다면, 나는 그가 무서워서 섬기는 걸 거예요. 만일 그가 그 능력으로 의도 행하고 악도 행한다면, 단순히 그가 어느 순간 자기 맘에 안 들면, 자기의 이기적인 욕망으로 나를 벌할 테니까요. 그가 언제 나에게 화를 낼지 모르니까 그를 섬긴다면 너무도 두려울 수밖에 없죠." 그 청년이 심각하게 경청하는 것을 보며 나는 말을 이어나갔다. "자, 나는 하나님을 사랑으로 섬기고 있어요. 그분은 거룩하고 완전하고 전능하기에 내가 두려움으로 숭상해야 할 가치가 있으세요. 그러나 나는 그분이 자비로우며 항상 자신의 사랑의 본성에 맞게 행동하는 것을 알기에 그분을 사랑으로 섬기고 있어요. 나는 그분을 화나게 하는 것이 무엇인지 잘 알고 있고, 또한 그분을 기쁘게 해드리는 것이 무엇인지도 알아요. 왜냐하면 그분은 항상 그 본성에 맞게 일관성을 유지하니까요."

그 대화가 있고 난 후에 나는 하나님을 더욱 경외하는 가운데 섬기게 되었다. 그분은 항상 사랑으로 행하신다. 왜냐하면 그분이 가진 변함없는 사랑의 본성 때문에 그렇게 하신다. 성경에 계시된 하나님은 우리를 위해 거기 계시면서 항상 우리를 위해 의롭게 행한다. 성경은 이렇게 말한다. "주는 항상 미쁘시니 자기를 부인하실 수 없으시리라"(딤후 2:13).

거룩함과 의로움은 하나님이 그렇게 행동하기로 하셔서 된 것이 아니다. 그분은 **원래 그러한 분**이다. 의로움, 거룩함, 정의로움, 선함 등 이 모든 것은 그분의 속성 – 그분의 본질 –에 들어있는 핵심 요소이다. 성경은 이렇게 말한다. "온갖 좋은 은사와 온전한 선물이 다 위로부터 빛들의 아버지께로부터 내려오나니 그는 변함도 없으시고 회전하는 그림자도 없으시니라"(약 1:17).

다른 경전에서 묘사하는 신은 모세오경과 선지서에 하나님 자신이 계시한 그 거룩하고 의로운 하나님과는 확연히 다르다. "나는 하나님이라 나 같은 이가 없느니라"(사 46:9). 개인, 집단, 또는 다른 여러 종교에서 성경에 계시된 하나님과는 이질 이종의 그들 나름의 잡신을 오늘날도 계속 묘사한다. 그러나 성경이 우리에게 분명하게 말하고 있듯이, 그것들은 모두 거짓 신이다. 누가 뭐라 해도 나는 하나님의 감동으로 된 성경에 계시된 하나님이 이치에 맞기에 그분을 믿기로 한 사람이다. 누가 뭐라 해도 내 신앙의 기초는 하나님을 계시하기 위해 성령의 감동하심으로 기록한 성경 말씀이다.

심지어 기독교의 범주에 드는 다양한 종파 중에는 하나님의 유일하며 참된 계시인 성경을 달리 보거나 의심하는 경우가 있다. 일부이기는 하지만 다른 경전도 하나님의 영감이 서려 있기에 성경 66권과 동급의 권위를 가진다고 믿는다. 앞에서 언급했듯이, 로마 가톨

릭 교회는 14권의 외경을 다른 성경과 동급으로 받아들였다. 말일성도 예수 그리스도의 교회(LDS)는 몰몬경을 성경과 동일선상에 놓는다. 하지만 과연 자칭 영감으로 기록되었다는 몰몬경이 하나님의 감동으로 된 성경 말씀과 그 수준이 같을까?

이 질문에 답하기 위하여, 앞에서 소개했던, 전경화 과정에서 교회 지도자들이 그 기록물이 실제로 하나님의 영감으로 된 책인지 확인하기 위해 참조했던 네 가지 지침을 복습해 보자.

1. 그 기록은 사도 혹 하나님의 선지자 혹 사도나 선지자 가운데 한 명 이상 친분이 있는 사람이 작성했다.
2. 그 기록은 하나님의 능력과 임재로 작성했다는 증거가 아주 명백하다.
3. 그 내용이 다른 공인된 성경과 일맥상통한다.
4. 그 기록은 초창기부터 교회에서 널리 수용했다.

정경에 적용된 지침에 따라 몰몬경을 검토해 보자.

1827년, 몰몬을 발견했다는 조셉 스미스는 모로나이라는 천사가 자기에게 현재의 뉴욕에 있는 한 언덕에 금판이 묻힌 것을 알려 주었다고 주장한다. 그 여러 장의 금판에 고대의 기록이 각인되어 있었다고 말한다. 스미스는 이 금속판들을 꺼내다가 번역을 해서 1830년에 몰몬경이라며 출간했다. LDS교회는 그 신조 대부분을 몰몬경에 기초한다. 그런데 또한 그들은 그 외에도 동일한 영감으로 기록한 여러 권의 책이 더 있다고 주장한다. 조셉 스미스는 예수를 직접 만났고, 예수가 그에게 더 많은 다른 것도 계시했다고 주장한다. 이런 계시를 모아 교리와 성약이란 책을 출간했다. 스미스가 겪었다는 예수와의 교감과 금판을 발견한 이야기를 담아 세 번째 책인 값진 진주도 냈다. 이 세 개의 글을 성경과 나란히 놓고 계시의 책이라면서 LDS의 기본 신조로 삼는다. 1844년에 조셉 스미스가 죽은 이래, 이 글들을 다른 계시들로 계속 보완하고 있다며, LDS교회 측이 지도자들에게 털어놓는다. 그러면서도 LDS는 공식적으로 몰몬경을 "가장 정확한" 성서라고 내세운다.

몰몬경은 킹 제임스 성경의 고어체 형식으로 기록하였고 두 종류의 고대 문명인들이 대거 미주대륙으로 이주해 왔다고 말한다. 첫 번째 집단은 바벨탑에서 도망한 자들로 구성되었고, 두 번째 집단은 B.C. 600년경에 예루살렘에서 온 자들이라고 한다. 첫 번째 집단은 결국 내부의 타락으로 말미암아 파멸한다. 두 번째 집단은 니파이라는 남자의 영도 하에 하나님을 경외하는 유대인으로 구성되어 있으며, 그들은 번창한다. 그러나 일부 사람이 참 하나님께 예배하는 것을 멈추자, 검정색 피부가 되는 저주를 받는다. 이 사람들이 바로 개척 시대에 인디언이라고 불리던 미국 원주민이 되었다.

몰몬경은 예수가 부활한 후, 미국을 방문해서 니파이의 추종자들에게 자신을 계시했다고 주장한다. 결국 이 집단은 A.D. 428년경에 인디언에게 멸망한다. 조셉 스미스는 금판에 쓰여 있는 이런 이야기를 번역하여 몰몬경을 만들었다고 주장한다.

몰몬교는 성경을 "어느 정도까지는 정확하게 번역된" 진실한 책으로 믿는다. 그러나 또한 그들 교회의 세 권의 책을 하나님의 감동으로 된 것으로 수용한다. 게다가 몰몬교는 자기들 교회의 지도자들이 지금도 계속해서 하나님의 감동으로 계시를 받는다고 믿는다. 그래서 새로운 "하나님의 계시"로 이전의 계시를 대신한다.

몰몬경, 교리와 성약, 값진 진주, 그리고 LDS교회의 지도자들이 계속해서 받는 계시로 몰몬교의 신학과 가르침이 구성된다. 종교 단체로서의 LDS교회와 그곳의 구성원들은 자칭 자기들도 기독교 신앙을 가졌다고 표명하며, 실제로 자기들만이 유일한 참된 교회라고 믿는다. 그러나 몰몬교의 신학은 구약과 신약이 가르치는 기독교 신학이 아니다. 예를 들어, LDS교회는 이런 식으로 가르친다.

- 예수가 하나님은 영이라고 말했으나 성부 하나님은 한때 인간이었기에 오늘날 살과 뼈를 가지고 있다(요 4:24).
- 인간은 차츰 개선하여 신이 될 운명이다. 몰몬경에 있는 말이다. "한때 하나님은 인간이었다. 인간은 하나님이 될 수 있다." 그러나 정작 성경은 우리가 개선하여 하나님이 되는 것이 아니라 하나님처럼 바뀐다고 가르친다(엡 4:23~24과 요일 3:2 참조).
- 행위는 구원의 기초이고 그에 따라 천국에서 우리의 지위와 거

처가 결정된다. 이것은 은혜로 인하여 예수님을 믿음으로 말미암아 의롭다 하심을 얻는다는 성경적 관점과 일치하지 않는다 (롬 3:27~28과 엡 2:8 참조).

- 성경은 하나님의 최종 계시가 아니다. 대신에 LDS교회의 지도자들이 여전히 받는 성경과 동급의 계시로 구약과 신약 성경을 대체해야 한다.[2]

보다시피, 몰몬경은 정경의 규준 전체가 아니라 그중 단 하나에도 부합하는 것이 없다. 무엇보다도 성경과 일치하는 부분이 없다. 영감으로 기록했다는 다른 몰몬교의 글들을 놓고 따져봤을 때, 몰몬교는 그 글 자체도 일관성이 없어 최신의 글로 먼저 글을 대체하고 있다. 이는 몰몬교의 신은 우리 기독교의 온전하고 일관된 하나님이 아니란 의미이다. 몰몬교의 신은 그 자신도 바뀌고 교정해야 하는 존재이다. 참이신 하나님은 그와 다르다. "그는 변함도 없으시고 회전하는 그림자도 없으시니라"(약 1:17). 게다가 몰몬교가 주장하는 역사적인 사실이란 것(미주 대륙으로의 이주, 예수와 천사의 방문, 금판의 발견)도 그것을 입증해 줄만 외부 증거가 없다. 그 사건들은 단지 한 사내의 근거 없는 주장일 뿐이다.

성령의 영감으로 된 하나님의 말씀인 성경은 진리이다. 왜냐하면 하나님이 진리이시기 때문이다. 성경은 창조주 하나님, 견줄 바 없는 유일하고 참되신 전능한 하나님을 계시한다. 믿음은 사람을 편협

하거나 배타적인 자로 만들지 않는다. 다만 하나님께서 스스로 자신은 홀로 유일하며 참된 하나님이라고 단언하신 것이다. 하나님께 나아가는 오직 한 길은 그분의 아들 예수 그리스도를 통하여 개별적으로 그분을 믿기로 선택하는 것뿐이다.

사도 요한은 이렇게 말한다. "사랑하는 자들아 영을 다 믿지 말고 오직 영들이 하나님께 속하였나 분별하라 많은 거짓 선지자가 세상에 나왔음이라" (요일 4:1). 우리는 다른 종교들과 의심스러운 교리들과 성경의 진리를 거스르는 단체의 영들을 분별해야 한다. 성경은 하나님의 자기 계시이다. 어떤 개념이나 사상을 성경의 하나님과 말씀의 진리로 검토해 보면 우리는 그것이 거짓이란 것을 알 수 있다.

우리는 14장에 걸쳐 다양한 분야를 섭렵했다. 다음 마지막 장에서, 나는 당신과 함께 새롭고 신선한 성경 접근법을 나누려 한다. 어떤 분이 나에게 그것을 알려 주었는데, 나는 그때 이후로 하나님께 나의 삶의 주도권을 맡기게 되면서 새로운 인생을 살 수 있었다. 하나님의 말씀은 "살았고 활력"이 있다. 하나님은 그분의 진리가 당신의 삶 속에 생생하게 살아서 역사하기를 원한다.

15장

성경이 내 삶에서 살아있게 하는 방법

성경이 내 삶에서 살아있게 하는 방법

"너 지금 당장 여기로 나와"라며 그 남자가 엄한 목소리로 명령한다. 아이가 나타나자, 그 아버지가 말한다. "내가 너에게 이 차고 깨끗하게 청소하라고 했는데, 손도 대지 않았어. 아빠 말이 말 같지 않아?"

제대로 되어 있는지 확인하기 위해 검사하는 아버지의 격앙된 목소리나 심란해 하는 엄마의 실망에 찬 음성을 들어 본 적이 있는가? 우리는 대다수 잘못한 일 때문에 꾸중을 들으며 성장했다. 어떤 식으로 꾸중을 들었는지, 그리고 그것을 어떻게 받아들였는지에 따라 형성된 각자의 수용 인식이 크게 다르다. 그리고 권위적인 부모 밑에서 성장한 사람일수록 대부분 수용 인식이 자신도 모르게 그 저변에 깔려있다.

사람들이 저지르는 가장 큰 잘못은 성경을 읽을 때 과거의 경험이라는 왜곡된 안경을 쓰고 본다는 점이다. 그러한 접근법으로 인해 하나님을 삐딱하게 보기도 하고 그분과 제대로 사귀지 못한다.

관계 형성법을 전공한 정신 분석 의사들이 **애착 이론**(attachment theory)이라고 부르는 것이 있다. 인간은 선천적으로 타인과 붙어 지낼 때 안정감을 느낀다는 개념이다. 우리는 필연적으로 애착하려 하고, 만일 애착이 충족되지 않으면 – 그 애착이 삶에 부정적인 영향을 끼치는 것이라 해도 – 불안정한 상태가 된다.

위즈덤웍스(WisdomWorks) 사역의 대표인 마크 매트록은 이렇게 묻는다. "만일 불안정한 인간의 애착이 타인과의 건강한 관계를 방해한다면, 그 애착이 하나님과의 관계 또한 방해하지 않을까?"[1]

하나님에 대해 가지는 우리의 관념은 일반적으로 어린 시절 부모와의 관계, 특히 아버지와의 관계에 따라 그 색깔이 달라진다. 성장기에 부모와 맺은 관계가 당신이 가진 하나님에 대한 개념에 지대한 영향을 미친다는 것은 의심할 나위없다. 예를 들어, 만일 권위적인 부모에게서 억압을 심하게 받고 성장했다면, 그때 느꼈던 감정이 하나님과의 관계에 그대로 투영된다. 그것이 자연스럽게 성경을 읽을 때도 왜곡된 시각을 가지게 하여, 하나님을 권위주의적이고, 탐탁찮아 하는 분으로 보게 한다.

나는 성경공부에 참여하는 그리스도들에게서 상당수 많은 사람이 "검사하고 그리고/또는 실망해 하는 하나님"이란 관점을 가진 것을 본다. 최소한 그들은 성경 본문을 읽으면서 이런 세 가지 질문만 하는 것 같다.

1. 본문에서 무슨 죄를 피해야 하는가? (마치 검사하는 하나님이 그들을 비판적 시각으로 노려본다고 여긴다)
2. 본문에서 무슨 명령을 순종해야 하는가? (마치 뭔가 바라는 하나님이 즉각적인 순종을 요구한다고 여긴다)
3. 내 삶에 어떤 부분이 달라져야 하는가? (마치 실망해 하는 하나님이 완전한 행동을 요구한다고 여긴다)

우리는 무작정 죄를 피해야만 하는 것도 아니고 성경의 무슨 명령에 순종해야 할는지 알아내야만 하는 것도 아니다. 검사나 하고 실망만 해대는 하나님이란 안경으로 하나님을 말씀을 보면, 그분의 진리를 왜곡한다. 바울은 에베소에 있는 그리스도를 따르는 자들을 위해서 그가 드리는 기도를 이렇게 소개한다. "지혜와 계시의 영을 너희에게 주사 하나님[예수님]을 알게 하시고 너희 마음의 눈을 밝히사 그의 부르심의 소망… 을 너희로 알게 하시기를 구하노라"(엡 1:17~19). 이 구절에서 "지혜"는 헬라어로 **소피아**(sophia)인데, 이는 대상물의 참된 본질을 간파하여 영적인 진리를 획득할 수 있는 지혜를 언급한다. **계시**라는 용어는 헬라어로 **아포칼룁시스**(apokalypsis)인데, 이는 덮개를 벗기거나 휘장을 거둬서 하나님의 지식을 영혼들에게 밝히 드러내어 알려준다는 뜻이다. 달리 말해서 바울이 했던 우리의 마음의 눈을 밝혀달라는 기도는, 우리가 가진 하나님에 대한 왜곡된 안경을 벗겨 주시어 예수님의 참된 본질을 보게 하사 그것이 우리 영혼 깊은 곳까지 닿게 해달라는 간청이다.

하나님은 우리가 마음의 눈을 열어 그분이 누구인지 보기를 바라신다. 그분은 과거나 현재에 건강하지 못한 관계를 맺게 했던 검사하거나 실망해 하는 하나님이라는 그릇된 이미지를 우리 마음과 감정에서 말끔하게 씻어내길 원한다. 그분은 하나님의 감동으로 된 말씀으로 그분에 대하여 우리가 가지고 있는 왜곡들을 정화하고 수정하고 싶어 한다. 이렇게 했을 때, 우리는 그분이 바라던 대로 하나님을 경험한다.

다시 한 번, 다음 단락에서 나눌 통찰을 위해 나의 벗 데이비드 퍼거슨의 손을 빌려야겠다. 데이비드가 연구한 관계적 기독론을 통해 그리스도와 그분의 말씀을 보는 대단히 충격적인 관점을 얻을 수 있다. 데이비드의 **관계의 기초**(Relational Foundations)의 자원은 그의 홈페이지를 참조하라.(www.relationshippress.com)

어떤 하나님을 당신은 알고 있는가?

나와 함께 예수께서 제자들과 함께 마지막 유월절 음식을 드시던 때로 시간 여행을 떠나자. 그 이야기는 요한복음 14장에 기록되어 있다. 그분은 열두 명이 모인 그곳에서 "너희가 나를 사랑하면 나의 계명을 지키리라"(요 14:15)고 말씀하신다.

이제 잠깐 당신도 그 열두 명의 모임에 합석했다고 가정하자. 예수께서 당신과 눈을 마주치면서 그 말씀을 하신다. 당신의 마음과 당신의 감정은 예수님의 그 말씀에 어떠한 반응을 하였을까? 왜 예수님이 당신에게 그런 말씀을 하신 것일까? 이 성경 담론에 나오는 예수님의 말씀을 현장에서 직접 들으니 그것이 당신에게 어떤 식으로 들리는가?

예수님이 실망스러워하시던가?

사랑과 계명 준수를 말씀하는 예수님의 음성을 당신은 어떤 상태에서 들었는가? 그 음성을 과거의 어떤 그릇된 죄책감을 가지고 들었는가? 예수님이 팔짱을 끼고 고개를 좌우로 가로저으면서 이렇게 말씀하시던가? "네가 나를 정말로 사랑한다면, 나의 계명을 평생 지켜야 한다. 지난번에도 못 지키더니 이번에도 그러던데 입이 있으면 말을 좀 해 보라. 네가 나를 기쁘게 해 주려고 노력하는 것은 가상하다만, 매번 실망이로구나."

 그분이 실망하신다니, 당신은 사랑받고 싶은 열망에 아마도 그분의 마음에 들게 하려고 하나님을 위해 더욱 힘써 뭔가를 하려 할 것이다. 문제는 **아무도** 그리스도인의 삶을 완전하게 살 수 없다는데 있다. 만일 우리가 성경에서 실망해 하는 하나님을 보고 있다면, 우리는 그분의 사랑을 마치 우리의 선한 행동의 보상쯤으로 여기는 것이다. 이런 시각으로는 성경에서 "너희는 하지 말지니"라는 쪽만 보며, 성경에 있는 많은 약속을 놓친다. 이러한 관점은 감성적으로 **나는 사랑받기 위해서 반드시 의를 행해야 한다는** 느낌이 들게 한다. 예외 없이, 이런 인식은 우리가 맺는 모든 관계에 영향을 끼친다.

예수께서 당신을 검사하시던가?

 예수님이 "만일 네가 나를 사랑하면 나의 계명을 지키리라"고 하실 때, 그분이 눈썹을 치켜들며 첫마디를 강하게 강조하며 말씀하시던가?

 "만일 네가 나를 사랑하면…."

 질문하는 그분의 음성이 이런 식으로 신랄하게 경고하는 말투였는가? "내가 똑똑히 지켜보고 있을 테니까 내 계명을 꼭 지켜."

 어떤 사람은 하나님을 이런 식 – 우리가 성경에 있는 지시 사항을 잘 이행하고 있는지 그 단계를 일일이 확인하는 조사관 –으로 본다.

당신이 아는 하나님도 그런 분인가? 그분은 메모장과 연필을 들고 옆에서 지켜보면서 당신의 행동을 잘했다 못했다로 양분하여 하나씩 기록하는 분인가? 그렇다면 하나님은 당신이 존재하는 것만으로도 덩실덩실 춤추며, 당신이 함께하는 것에서 행복을 느끼는 분이라는 이미지를 가지기 힘들다. 하나님이 그 눈으로 속속들이 알아내려 하고, 제대로 하고 있는지 확인하기 위해 검사하는 분이라면 교제의 기쁨이 있다가도 이내 사라진다.

만일 하나님을 조사관으로 여기는 사람이 있다면, 그는 타인이 아주 사소한 지적만 해도 그것을 개인적인 공격으로 생각하고 방어하려는 성향을 보인다. 또한 스스로 조사관 역할을 하려는 강박감이 생겨 다른 사람의 행동을 미심쩍은 눈으로 감시하는 자가 되기 쉽다. 별로 중요하지 않은 성경적 논점에 과도하게 집착하기도 한다. 당신도 겪어봐서 알겠지만, 사람들은 정해진 규칙대로 하나 안 하나 감시하고 트집이나 부리는 사람과 사귀는 것을 좋아하지 않는다.

예수님은 당신을 받아주시던가?

예수님의 말씀을 들을 때, 당신은 용납하시는 하나님을 느끼지 않았는가? 눈으로 확인했을 것이다. 이분은 당신이 꿈꿨던 것보다 훨씬 더 넓게 당신을 있는 모습 그대로 보고 사랑하며 용납하는 당신의 구세주이다. 그분은 당신에게 내 아버지의 집에는 거할 방이 많다며, 당신을 위한 거처를 마련하기 위해 가셔야 한다고 말씀한다. 그런 다음 당신에게 약속한다. "내가 다시 와서 너희를 내게로 영접하여 나 있는 곳에 너희도 있게 하리라"(요 14:3).

이제 예수님은 그가 행하셨던 일들은 사실상 그분 자신의 일이 아니었다고 설명한다. 그것은 아버지께서 그분을 통하여 일하신 것이라고 한다. 그리고 그분은 또 다른 약속을 한다. "나를 믿는 자는 내가 하는 일을 그도 할 것이요"(요 14:12).

그분은 미소로 당신을 안심시키며 계속하여 또 다른 약속을 한다. "너희가 내 이름으로 무엇을 구하든지 내가 행하리니"(요 14:13). 이 약속들 가운데 어떤 것이 실망스러워하거나 감시하는 예수님에게서 나온 소리인가? 그것들은 아무런 제약이나 조건 없이 그저 당신을 그 품에 꼭 안아서 환영하고 받아주는 분에게서 나왔다. 그런 다음, 용납하는 눈과 함께 자상한 목소리로 당신에게 한 가지 약속을 더하신다. 두 팔로 당신을 꼭 잡고 눈을 마주치며 미소 띤 얼굴로 잘 들어보라며 이렇게 말씀한다. "네가 나를 사랑하면 나의 계명을 지키리라"(요 14:15).

당신에게 하신 이 특별한 약속은 이제 겨우 시작에 불과하다. 당신을 안심시키고, 안정감을 주며, 확신케 하는 말씀을 쏟아내신다. 다음 두 구절에 담긴 실제적인 약속을 잘 들어보라. "내가 아버지께 구하겠으니 그가 또 다른 보혜사를 너희에게 주사 영원토록 너희와 함께 있게 하리니 그는 진리의 영이라"(요 14:16~17). 이것이 당신에게 믿어지지 않는 확신을 주지 않는가? 사실상, 예수께서 이렇게 말씀한 것이다. "나는 너와 사랑의 교제를 영속하기 위해, 너 혼자 두고 떠나지 않고 네가 힘차게 그리스도인의 삶을 살 수 있도록 한 가지 약속할 게 있다. 나의 성령의 능력과 인격을 통하여 나는 네 삶 가운데 계속하여 남아 있을 것이다. 그래서 내가 거기에 내주하여 네게 권능을 주겠다. 내가 거기에서 늘 너와 함께 하며 삶에 기쁨을 주려 한다." 기억하라. 그분이 이렇게 덧붙여 말씀하셨다. "내가 이것을 너희에게 이름은 내 기쁨이 너희 안에 있어 너희 기쁨을 충만하게 하려 함이라"(요 15:11).

이것은 용납하는 예수님이 우리에게 하신 약속이다. 그리고 우리가 성경에 있는 그분의 약속을 부둥켜안을 때, 그분의 사랑이 우리에게 실제가 된다. 사실상, 그것은 우리를 완전히 바꿔 놓는 사랑이다. 능히 우리가 그분을 심연 깊숙이 사랑하게 하고, 그리고 예수님이 우리를 사랑하신 것처럼 우리도 서로 사랑하게 한다.

과거에 있었던 다른 사람과의 관계에 터 잡아 하나님을 바라보던 그 어떤 선입견도 다 내려놓고, 성경이 명확하게 확정하는 용납하는 예수님을 받아들이라. 그분은 우리가 죄를 지었음에도 – **당신**을 포함하여 – 우리 모두를 사랑하신다. 그분은 우리의 죄를 속량하기 위해 자기의 몸으로 엄청난 희생의 값을 치르신 자애로운 분이다. 그분은 우리가 무엇을 해서가 아니라 그냥 우리라서, 그저 우리가 좋아서 무작정 사랑하신다. 그래서 그분은 우리가 실패한 순간에라도 우리 각자를 – 넓은 품을 활짝 펴고 환영하면서 – 받아 주신다.

그것이 바로 성경이 계시하는 하나님이다. 그분의 조건 없는 용납을 받아들여 그릇된 죄책과 자기 정죄의 늪에서 자유롭기 바란다. 구세주의 그 환영하는 품에 안겨서 그분의 안전하신 팔에 기대어 쉼을 얻어라. 그분의 약속을 손을 뻗어 굳게 잡아 그분의 성령으로 충만 하라. 성령님은 당신에게 주님을 기뻐하며 살 수 있는 권능을 주신다.[2]

만일 하나님의 감동으로 된 성경 말씀이 우리의 삶에서 살아 역사한다면, 우리는 예수님이 누구신지 잘 알게 된다. 예수님은 십자가에 못 박혀 죽으신 그리스도이며, 그로 말미암아 아무 조건 없이 우리를 사랑하고 용납하는 분이다. 그분은 그곳에 계셔서 양팔을 뻗어 우리를 붙잡아 주며, 그분의 말씀을 통하여 우리를 인도하여 우리가 그분을 더욱 친밀하게 알 수 있게 한다. 사랑하고 용납하는 예수님 이외에 다른 안경으로 하나님을 보면 그분의 진리를 왜곡하게 되고, 그로써 그분의 진리가 우리의 삶에 무의미해 진다.

예수님은 이천 년 전에 인성을 입고 계실 때 그분의 말씀을 듣던 자들에게 아주 특별한 약속을 했다. 그분은 당신과 나에게도 오늘날 동일한 약속을 하신다. 그분이 하신 말씀을 잘 들어보라.

"수고하고 무거운 짐 진 자들아 다 내게로 오라 내가 너희를 쉬게 하리라 나는 마음이 온유하고 겸손하니 나의 멍에를 메고 내게 배우라 그리하면 너희 마음이 쉼을 얻으리니"(마 11:28~29).

예수님은 당신이 그분과 함께 아주 가까이에서 멍에(다인용)를 메고 그분을 알기 바란다. 그분은 당신이 그분의 진실한 모습과 그분이 얼마나 당신을 사랑하는지 알기 원한다. 그분은 당신의 영혼에 필요한 참된 쉼을 당신이 알았으면 하신다. 그분의 말씀을 읽을 때, 주어진 본문에서 발견해야 할 것은 하나님이 누구신지에 관한 갓 구워낸 빵 같은 신선한 이해이다. 성경의 각 쪽에 담긴 하나님의 마음과 동기를 발견하라. 어떻게 성경이 당신을 극진히 사랑하는 하나님과 당신이 조건 없이 사랑해야 하는 사람들에 대하여 말하는지 탐구하라. 어떻게 예수님이 당신을 용납하는지 그리고 당신이 어떻게 타인을 사랑하길 바라는지 살피라. 하나님의 말씀을 하나님을 알기 위한 수단으로 보라. 그리고 하나님이 제대로 된 삶을 살 수 있도록 당신에게 능력을 주신다는 점을 잊지 말라. 사도 베드로는 이렇게 써 놓았다. "그의 신기한 능력으로 생명과 경건에 속한 모든 것을 우리에게 주셨으니 이는… 우리를 부르신 이[예수님]를 앎으로 말미암음이라"(벧후 1:3).

하나님의 말씀은 "살았고 활력"이 있다. 그것은 당신에게 꼭 필요한 하나님의 마음에서 나온 기록이다. 그것은 신뢰성도 있고 믿을 가치도 있다. 그것은 진리와 생명의 말씀이다. 그분의 말씀을 알라. 그분의 말씀을 경험하라. 그분의 말씀을 다른 사람과 공유하라. 예수께서 말씀하셨다. "천지는 없어질지언정 내 말은 없어지지 아니하리라"(마 24:35).

노트

제1장

1. 익스피리언(Experian Marketing Services)의 2013년 디지털 시장 보고서, www.experiancom/marketing-services/2013-digital-marketer-report.html.
2. Ingrid Lunden, "Facebook Passes 1B Mobile Users, 200M Messenger Users in Q1," TechCrunch, April 23, 2014, http://techcrunch.com/2014/04/23/facebook-passes-1b-mobile-monthly-active-users-in-q1-as-mobile-ads-reach-59-of-all-ad-sales/.
3. "Connecting with Kids Online," eMarketer Digital Intelligence, February 9, 2011, www.emarketer.com/Article/Connecting-with-Kids-Online/1008227.

제3장

1. David Ferguson, Relational Foundations: *Experience Relevance in Life and Ministry* (Austin, TX: Relational Press, 2004), 69-104.에서 가져옴.
2. David Ferguson, *The Great Commandment Principle* (Austin, TX: Relational Press, 1998), 10-18.에서 얻은 통찰.

제5장

1. S. I. McMillen, MD, *None of These Diseases* (Westwood, NJ: Spire, 1968), preface.
2. Adapted from Josh and Dottie McDowell, *Straight Talk with Your Kids about Sex* (Eugene, OR: Harvest House, 2012), 38.
3. David Ferguson, *Top Ten Relational Needs* and *Intimate Encounters*, found at www.relationshippress.com

제7장

1. Alan Hirsch, *The Forgotten Ways: Reactivating the Missional Church* (Grand Rapids: Brazos, 2006), 18.
2. Josh McDowell, *The New Evidence at Demands a Verdict* (Nashville: omas Nelson, 1999), 21-22.
3. Ibid., 26.

제8장

1. *Merriam-Webster's Collegiate Dictionary*, 10th ed., s.v. "unique."
2. Joab Jackson, "Google: 129 Million Different Books Have Been Published," IDG News Service, August 6, 2010, www.pcworld.com / article/202803/google_129_million_different_books_have_been_published.html.
3. United Bible Societies, "'Great Strides' in Bible Translation and Scripture Access in 2013," July 24, 2014. 검색어 "great strides" at www.biblesociety.org.
4. United Bible Societies, "Scripture Distribution Increases in Persecution Hotspots," November 22, 2013. 검색어 "scripture distribution increases" at www.biblesociety.org.
5. Josh McDowell, *The New Evidence at Demands a Verdict* (Nashville: omas Nelson, 1999), 9.
6. Ibid., 10.
7. Ibid.
8. Ibid., 11.
9. Ibid.

제9장

1. Josh McDowell, *The New Evidence at Demands a Verdict* (Nashville: Thomas Nelson, 1999), 18.

2. Ibid.

제10장

1. Virginia Brown, *The Textual Transmission of Caesar's Civil War* (Leiden, Netherlands: Brill, 1972), introduction.

2. Ibid.

3. Ibid.

4. F. F. Bruce, *The New Testament Documents: Are they Reliable?* (Downers Grove, IL: InterVarsity, 1964), 16; 2012년 1월 13일 Clay Jones와 Daniel Wallace이 주고받은 개인 메일.

5. Leuven Database of Ancient Books; www.trismegistos.org/ldab/search.php. 또한 R. A. McNeal, *Herodotus: Book I* (New York: University Press, 1986), 13. 참조.

6. Bruce, *New Testament Documents*, 16.

7. Robert M. Horn, *The Book at Speaks for Itself* (Downers Grove, IL: InterVarsity, 1970), 86-87.

8. Dan Brown, *The DaVinci Code* (New York: Doubleday, 2003), 231.

제11장

1. Martin L. West, *Studies in the Text and Transmission of the Iliad*
(Munich: K. G. Saur, 2011), 86. Clay Jones이 2010년 10월 30일에 Martin L. West박사에게 개인적으로 받은 서신. 2013년 10월 15일에 Daniel Wallace가 Josh McDowell에게 보낸 편지, Thomas W. Allen, *Homeri Ilias* (1931; 중판, New York: Arno, 1979), 11-55. 2010년 10월 30일 West박사가 보낸 개인 편지. West는 Allen의 중세 사본 188개에 중세 초기 사본 32개를 첨부했다. T. W. Allen, *Homer: The Origins and Transmissions* (Oxford)을 보라. West는 또한 142개의 Homerica papyri (어휘, 주해, 단어장[scholia minora])와 47개의 witness papyri("*Iliad*의 구절들을 인용하여 적어 놓은 갖가지 잡다한 파피루스"), ibid., 130.

2. Peter W. Flint, *The Dead Sea Scrolls* (Nashville: Abingdon, 2013), 38.

3. Dr. Scott Carroll이 텍사스 주 Plano에서 개최한 the Discover the Evidence seminar에서 2013년 12월 5일 강의한 내용 인용.

4. Flint, *Dead Sea Scrolls*, 38.

5. Ibid., 39.

6. Ralph Earle, *How We Got Our Bible* (Grand Rapids: Baker, 1971), 48-49.

7. Flint, *Dead Sea Scrolls*, xx.

8. Ibid., xxi.

9. R. L. Harris, *Inspiration and Canonicity of the Bible* (Grand Rapids:Zondervan, 1957), 124.

10. 처음에 기고한 Clay Jones, "The Bibliographical Test Updated," *Christian Research Journal 35*, no. 3 (2012)를 Josh D. McDowell과 Clay Jones가 각색하여 2013년 12월 5일에 쓴 "The Bibliographical Test."

11. Bill T. Arnold and Bryan E. Beyer, Encountering the Old Testament (Grand Rapids: Baker, 2008), 22.

12. Josh McDowell, *The New Evidence at Demands a Verdict* (Nashville: Thomas Nelson, 1999)의 제13장 "Archaeology and Biblical Criticism" 참조.

13. Pergamon Museum, Berlin: http://en.wikipedia.org/wiki/file:Pergamon_Museum_Berlin_2007085.jpg.

14. McDowell, New Evidence, 378.

15. Norman L. Geisler, *Baker Encyclopedia of Christian Apologetics* (Grand Rapids: Baker, 1998), 50-51.

16. Josh and Sean McDowell, *The Unshakable Truth*(Eugene, OR: Harvest House, 2010), 103.

17. Sean McDowell, "Bones and Dirt," *Apologetics Study Bible for Students* (Nashville: Broadman & Holman, 2009).

제12장

1. Josh McDowell, *The New Evidence at Demands a Verdict* (Nashville:omas Nelson, 1999), 38.

2. Ibid., 38; 처음에 기고한 Clay Jones, "The Bibliographical Test Updated," *Christian Research Journal 35*, no. 3 (2012)를 Josh D. McDowell 과 Clay Jones가 각색하여 2013년 12월 5일에 쓴 "The Bibliographical Test."

3. Joseph Angus, *The Bible Handbook* (London: Religious Tract Society, 1864), 56.

4. Norman L. Geisler and William E. Nix, *A General Introduction to the Bible* (Chicago: Moody, 1986), 430.

5. Ibid., 353-54.

6. Norman Geisler, *Baker's Encyclopedia of Christian Apologetics* (Grand Rapids: Baker, 1998), 39.에 인용된 C. F. Cruse역 Eusebius, *Ecclesiastical History III*.

7. Dominic J. Unger가 번역과 주해하고, 후에 John J. Dillon이 개정한 Irenaeus, *St. Irenaeus of Lyons: Against the Heresies* (New York: Paulist, 1992), 3.1.1.

8. Robert Maynard Hutchins가 편집한 *Great Books of the Western World* 의 제15권 *The Annals and the Histories by Cornelius Tacitus*에 수록된 Tacitus, *Annals* (Chicago: William Benton, 1952), 44.

9. Robert Graves가 번역하고 Michael Grant가 개정한 Suetonius, *Life of Claudius in The Twelve Caesars* (New York: Viking Penguin, 1979), 25.4.

10. Flavius Josephus, *The Antiquities of the Jews* (New York: Ward, Lock, Bowden, 1900), 20.9.1.

11. Geisler, *Baker Encyclopedia of Christian Apologetics*, 10:96에 인용한 W. Melmoth역, Pliny the Younger, *Letters*.

12. John Elder, *Prophets, Idols, and Diggers* (New York: Bobbs Merrill, 1960), 159-60; Joseph P. Free, *Archaeology and Bible History* (Wheaton, IL: Scripture Press, 1969), 285.

13. Elder, *Prophets, Idols, and Diggers*, 160.
14. Ibid., 259-60; Free, *Archaeology and Bible History*, 285.
15. Free, *Archaeology and Bible History*, 317.
16. F. F. Bruce, *The New Testament Documents: Are They Reliable?* (Downers Grove, IL: InterVarsity, 1964), 95; William F. Albright, *Recent Discoveries in Bible Lands* (New York: Funk and Wagnalls, 1955), 118.
17. Carl Henry가 편집한 *Revelation and the Bible*에 인용된 F. F. Bruce, "Archaeological Confirmation of the New Testament"(Grand Rapids: Baker, 1969), 325.
18. Ibid., 326.
19. Josh McDowell, *New Evidence*, 64.

제13장

1. Josh McDowell, *The New Evidence at Demands a Verdict* (Nashville: Thomas Nelson, 1999), 13장과 17~21장 참조.
2. McDowell, *New Evidence*, 376.
3. Ibid.
4. Harold L. Willmington, *Willmington's Bible Handbook* (Wheaton, IL:Tyndale, 1997), 889.
5. "Archaeology and Sources for Old Testament Background," *New Living Translation Study Bible* (Wheaton, IL: Tyndale, 2008), 8.
6. McDowell, *New Evidence*, 476-77.
7. F. F. Bruce, *The New Testament Documents: Are They Reliable?*, 6th ed.
(Downers Grove, IL: InterVarsity, 1981), 42-43.
8. Ibid., 43.
9. Ibid.
10. W. F. Albright, *Recent Discoveries in Bible Lands* (New York: Funk and Wagnalls, 1955), 136.

11. William F. Albright, "Toward a More Conservative View," Christianity Today 1963년 1월 18일 인터뷰 기사, 8.

12. W. F. Albright, *From the Stone Age to Christianity* (Baltimore: Johns Hopkins, 1940), 23.

13. John A. T. Robinson, *Redating the New Testament* (Eugene, OR: Wipf and Stock, 2000), 10.

14. Gleason L. Archer Jr., *Encyclopedia of Bible Difficulties* (Grand Rapids:Zondervan, 1982), 12.

제14장

1. Pew Research Center, Washington, DC, Religion and Public Life Project, "The Global Religious Landscape," 2012년 12월 18일, www.pewforum.org/2012/18/global-religious-landscape-exec.

2. 다음 내용을 각색함. Josh and Sean McDowell, 77 FAQs *about God and the Bible* (Eugene, OR: Harvest House, 2012), 206-8.

제15장

1. 인용 출처 - Sean McDowell, *Apologetics for a New Generation* (Eugene, OR: Harvest House, 2009), 141.

2. 다음 내용을 각색함. Josh and Sean McDowell, *Experience Your Bible* (Eugene, OR: Harvest House, 2012), 37-48.

21C 교회성장과 축복의 통로

교회진흥원은 기독교한국침례회 총회의 교육, 문서선교 기관으로서 교회의 교육, 목회, 선교활동에 관한 실제적인 연구와 프로그램 개발, 기독교 정보를 제공하고, 자료 출판 및 보급사역을 하고 있습니다.

- 각 연령별 교회학교 공과, 구역공과, 제자훈련 교재, 음악도서를 기획, 출판하고 이와 관련된 각종 강습회를 실시합니다.
- 요단출판사를 운영하며 매년 70여 종의 각종 신앙도서와 제자훈련 교재를 기획, 출판합니다.
- 서울과 대전에 직영서점을 운영하고 있습니다.

요단출판사의 사역정신

그리스도인들의 올바른 신앙성장과 영성 개발에 필요한 신앙도서를 엄선하여 출판, 보급함으로써 이 땅에 하나님나라 확장을 위해 헌신하고 있습니다.

- **F**or God & Church
  하나님과 교회의 유익을 위하여 도서를 기획 출판합니다.
- **P**rayer-focused Ministry
  오직 기도뿐이라는 자세로 사역합니다.
- **P**ath to Church Growth
  교회성장과 축복의 통로가 되기 위해 사명을 감당합니다.
- **G**ood Stewardship & Professionalism
  선한 청지기와 프로정신으로 사역합니다.
- **C**reating a Culture of Christianity by Developing Contents
  각종 문화 컨텐츠를 개발함으로 기독교 문화 창달에 기여합니다.

직·영·서·점

요단기독교서적	서울특별시 서초구 신반포로 205 반포쇼핑타운 6동 2층
교회용품센타	TEL 02)593-8715~8 FAX 02)536-6266 / 537-8616(용품)
대전침례회서관	대전광역시 동구 태전로 16
	TEL 042)255-5322, 256-2109 FAX 042)254-0356
요단인터넷서점	www.jordanbook.com

"그러므로 너희는 가서 모든 민족을 제자로 삼아 아버지와 아들과 성령의 이름으로 침(세)례를 베풀고 내가 너희에게 분부한 모든 것을 가르쳐 지키게 하라 볼지어다 내가 세상 끝날까지 너희와 항상 함께 있으리라 하시니라" 마 28:19~20